La Guerra del Narco

1ª EDICIÓN: AGOSTO, 2011

LA GUERRA DEL NARCO

2141 W. 21ST STREET CHICAGO ILLINOIS 60608

WWW.GIRONBOOKS.COM

ISBN: 9789741393787

La Guerra del Narco

Rafael Rodríguez Castañeda
Coordinador

Índice

CAPÍTULO 2:
LOS CÁRTELES, INTACTOS

CAPÍTULO 3:
MÁS ALLÁ DE LAS BALAS

CAPÍTULO 4:
EL SABOR DE LA DERROTA

CAPÍTULO 5:

ALLENDE LAS FRONTERAS

CAPÍTULO 6:

MÁS ALLÁ DE LAS LÁGRIMAS

Prólogo

Al arrancar el año 2007 el presidente mexicano Felipe Calderón inauguró el ejercicio de su naciente gobierno con el lanzamiento de un impresionante operativo policiaco-militar cuyo objetivo central, dijo él, era recuperar el estado de derecho en amplias zonas del territorio nacional que presuntamente estaban bajo control de los cárteles de la droga.

Más de cuatro años después la guerra antinarco está muy lejos de sus metas y, a cambio, ha dejado una espectacular estela de muertes violentas. En la medida que crece día a día, y hasta hora con hora, la cifra de víctimas es ya estadística casi banal que reúne, sin distingos, a policías, militares, narcotraficantes, sicarios, civiles, adultos, mujeres, jóvenes, niños...

¿Qué ha ocurrido a lo largo de estos meses en las zonas de combate, más allá de las ejecuciones, de los tiroteos, de los granadazos, de las emboscadas, de las muertes sumarias, de las declaraciones y presunciones oficiales en las que cada vez se cree menos?

Reporteros y corresponsales del semanario mexicano **Proceso** acudieron a los territorios en guerra y encontraron lo que ahora muestran a través de sus textos: ante todo, una gigantesca cosecha de sangre; una población escéptica que le teme de la misma forma a los narcotraficantes que a los militares y a los miembros de las corporaciones policiacas; estados, regiones y ciudades que han visto alterada radicalmente su forma de vida; a los cárteles, en plena recomposición y envueltos en sus propias batallas, sanguinarias por igual, para conquistar o recuperar mercados...

Perdida de antemano, sin planeación ni enemigo claro al frente, la guerra del presidente Calderón sólo puede sostenerse por los intereses que impulsan, por ejemplo, la aprobación de leyes para dotar a los militares mexicanos del poder legal del que aún carecen; son los mismos que se confrontan con cualquier intento por acabar con el fuero castrense; los mismos, contrarios al respecto irrestricto de los derechos humanos.

Por esos intereses, y por su indiferencia ante los del ciudadano común, Calderón se ha visto obligado a mantener la guerra –que sólo fue posible en aras de una legitimación que, de cualquier manera, nunca llegó– que se prevé dure hasta el fin de los días de un mandato que se diluye sin relevancias mayores.

Del trabajo que se reúne en estas páginas se puede concluir, con certeza, que las estructuras del narcotráfico permanecen intactas, operando con igual eficacia que antes del inicio de la guerra del narco, sólo que ahora lo hacen sobre los montones de cadáveres acumulados en algún rincón brumoso de la conciencia de quien o de quienes decidieron emprenderla.

Los textos que dan forma a este libro se publicaron originalmente en las ediciones especiales 28 y 29 de **Proceso**: *La guerra del narco. Primera parte* (de abril de 2010) y *La guerra del narco. Segunda parte* (de julio de 2010).

Rafael Rodríguez Castañeda

CAPÍTULO 1

COSECHA DE SANGRE

Ciudad Juárez: Batalla sin destino

Patricia Dávila

CIUDAD JUÁREZ, CHIHUAHUA.- No obstante la presencia de miles de militares en esta frontera, en los dos años del operativo dispuesto por Felipe Calderón se han producido también miles de ejecuciones y en las calles impera la ley del narco, tanto por las disputas entre los grupos de la delincuencia organizada como por el hecho de que el cártel de Sinaloa, en pleno crecimiento dentro de la plaza, no recibe el mismo trato que los demás.

A estas alturas nadie ignora que los narcotraficantes encabezados por *El Chapo* Guzmán van ganando su guerra en contra de los comandados por Vicente Carrillo Fuentes, *El Viceroy*, líder del cártel de Juárez, que se ha visto además debilitado por pugnas domésticas, pues en tanto *La Línea* intenta renovar su dirigencia, *Los Aztecas* –ejército ejecutor integrado por unos 6 mil sicarios– buscan su independencia.

Lejos quedaron ya las palabras con que, el 28 de marzo de 2008, el secretario de Gobernación Juan Camilo Mouriño presentó el Operativo Conjunto Chihuahua (Occh) emprendido por el presidente Calderón: "En esta batalla –dijo– demostraremos que ningún grupo criminal será capaz de resistir la fuerza del Estado mexicano".

El hecho es que todos la han resistido, aunque a la fecha hay en la ciudad 5 mil militares y 2 mil 600 policías federales y no obstante las acciones desarrolladas por las tres instancias de gobierno.

El alcalde de Ciudad Juárez militarizó la estructura de la Secretaría de Seguridad Pública Municipal; instaló 200 cámaras de video por la ciudad; puso en marcha una estrategia para recibir denuncias de manera anónima (*crime stoppers*); anunció recompensas por un millón de pesos para dar con los sicarios y en septiembre de 2009 el gobierno federal emprendió la Estrategia Integral de Seguridad, como segunda fase del Occh, e inclusive a principios de 2010 le cambió el nombre por Operación Coordinada Chihuahua (Occh).

Nada dio resultado. Al contrario, Juárez se convirtió en "la ciudad más violenta del mundo" y, contra lo vaticinado por el gobierno federal, actualmente la delincuencia organizada parece incontenible. El saldo: más de 5 mil ejecuciones en esos dos años; 7 mil niños huérfanos como producto de la guerra contra el narco, un secuestro cada 24 horas y hasta 400 robos por día, de coches y contra establecimientos comerciales y casas habitación.

La situación es tan grave que 60 mil juarenses se han ido a vivir a El Paso, Texas.

Los narcomandos

Un informe de la Agencia Antidrogas de Estados Unidos (DEA), "compartido" la última semana de enero pasado con las instituciones que integran la Occh y que fue mostrado igualmente a **Proceso**, contiene nombres de los principales dirigentes de los cárteles de Juárez y de Sinaloa.

En el documento, titulado *Un informe sobre delincuencia organizada en Ciudad Juárez*, la DEA revela que, por el cártel de Vicente Carrillo Fuentes, el segundo en el mando en lugar de Luis Pablo Ríos Rodríguez (*El JL*), creador y líder de *La Línea*, es Crispín Humberto Borunda; le siguen José Antonio Acosta Hernández (*El Diego*), Luis Carlos Vázquez (*El 20*), Óscar Carrasco, Juan Pablo Guijarro Fragoso (*El Mónico*) y Eliseo Trujillo Estrada (*El Conde*).

Por el grupo de Joaquín Guzmán Loera –el capo más buscado por la DEA– aparecen como jefes principales Gabino Salas Valenciano y José Antonio Torres Marrufo (*El Marrufo*), así como Mario Yunes (*El Mío*) y José Antonio Acosta Hernández.

Según el informe de la DEA, el brazo armado del cártel de Juárez –al que Amado Carrillo Fuentes, *El Señor de los Cielos*, elevó hasta la cumbre del poder– vive momentos difíciles.

Luis Pablo Ríos Rodríguez, *El JL*, quien hace seis años llegó a esta ciudad al servicio de Vicente Carrillo Fuentes, no sólo logró el control de toda la estructura de la Secretaría de Seguridad Pública Municipal, empezando por su entonces titular, Saulo Reyes, sino que, de manera paralela, con elementos de la misma dependencia conformó el grupo armado *La Línea*.

Además de cobrar el "impuesto" que el cártel de Juárez impuso a otros grupos por "derecho de paso" de los cargamentos de droga a Estados Unidos, *La Línea* implantó un "cobro de piso" a los comercios establecidos de la ciudad para que puedan seguir operando.

Sin embargo, a finales del año pasado el poder de *El JL* menguó dentro de su organización, por lo que el narcotraficante Crispín Humberto Borunda Cárdenas, también conocido como Juan Tarango Mendoza, se perfila para sucederlo en el mando de *La Línea*. En septiembre de 1988 Crispín Borunda fue sentenciado a 63 meses de prisión por tráfico de cocaína y recluido en la prisión federal de La Tuna, en Anthony, Nuevo México. Pero de allí se fugó en 1990.

El 27 de enero de 2004 fue reaprehendido en la ciudad de Camargo, Chihuahua, acusado de secuestro, por lo que un juez del Distrito Federal –el Décimo Primero de Distrito de Procesos Penales Federales– giró la orden de detención provisional con fines de extradición internacional número 2/2004. Mientras esperaba la resolución, Borunda Cárdenas enfermó y fue internado en la exclusiva clínica Cima, en la capital del estado, de la que el 26 de marzo de 2009 un comando de 20 hombres lo liberó, burlando la vigilancia de siete policías asignados por la Procuraduría General de Justicia del Estado (PGJE) de Chihuahua.

El rescate se realizó a pesar de que días antes, a través de llamadas telefónicas, la procuradora Patricia González Rodríguez fue alertada sobre los planes de liberación.

En la estructura del cártel local, también aparece José Antonio Acosta Hernández, *El Diez* o *El Diego*, quien el 2 de febrero último fue señalado por la PGJE como el autor intelectual de la matanza perpetrada el 30 de enero en la colonia Villas de Salvárcar, donde murieron 15 jóvenes y 10 más resultaron heridos. Este cabecilla ocupó el cargo de agente B de la Policía Ministerial Investigadora de 1999 a octubre de 2007, cuando, según la procuradora González Rodríguez, "renunció al cargo".

De acuerdo con el informe de la DEA –analizado por la PGJE, la delegación de la PGR y la V Región Militar, al mando del Occh–, en esta ciudad se identificó como operador del cártel de Sinaloa al duranguense Gabino Salas Valenciano, *El Ingeniero*, de 32 años de edad, quien el 5 de febrero de 2008 fue recluido en el Centro de Readaptación Social de Juárez, después de ser detenido por militares. A Gabino Salas se le encontraron 5.7 kilos de mariguana, 2 mil 797 dólares, una máquina para cortar papel moneda, equipos de comunicación y varias armas de fuego, según consta en la averiguación AP/PGR/CHIH/CDJUA/078/2008.

El juez Sexto de Distrito, con sede en Juárez, lo sentenció a nueve años de prisión; sin embargo, el Tercer Tribunal Unitario revocó la sentencia y Salas Valenciano quedó en libertad ocho meses después de su detención. Mientras estuvo preso, su hermano Valente Salas Valenciano fue asesinado, y cuando Gabino salió del penal, vengó su muerte. Para ello, ordenó a seis integrantes de su célula secuestrar a dos hombres, ejecutar a otro y quemar viviendas en el poblado de Barrales, municipio de Guadalupe.

A su vez, José Antonio Torres Marrufo, *El Marrufo*, y José Antonio Acosta Hernández, otros dos destacados integrantes del cártel de Sinaloa, son señalados por la PGJE como responsables de más de mil muertes.

Bajo el mando de Gabino Salas, integran el grupo *Gente Nueva*, encargado de "limpiar" la plaza y neutralizar la influencia de *La Línea* en todo el estado, aunque se concentraron sobre todo en el Valle de Juárez –controlado durante décadas por el cártel de Juárez–, donde se han cometido la mayoría de las 5 mil ejecuciones registradas desde que se inició el operativo.

Entre las últimas ejecuciones contabilizadas en lo que va de 2010 destacan la de Carlos Sotelo Cano, jefe Antisecuestros de la Policía Ministerial del Estado, asesinado el 5 de enero, y la de Calixto Pérez Mena, comisariado ejidal de San Isidro, muerto el 14 de febrero.

Trato desigual

Informes de inteligencia de autoridades estadunidenses en poder de la PGJE señalan que, a la muerte de Arturo Beltrán Leyva, *El Jefe de Jefes*, el pasado 10 de diciembre en Cuernavaca, Morelos, la estructura criminal de Juárez no sufrió ningún cambio: Joaquín Guzmán Loera sigue consolidándose no sólo en este municipio, sino en el resto de la entidad, sobre todo después del 13 de mayo de 2008, cuando el Ejército detuvo a Pedro Sánchez Arras, *El Tigre*, originario de

Villa Ahumada, a quien se consideraba la mano derecha de *El JL* y el tercero al mando del cártel de Juárez.

La detención de otra pieza clave también menguó el poder de *El Viceroy*: la de José Rodolfo Escajeda Escajeda, *El Riquín*, apresado el 4 de septiembre de 2009 por el Occh. *El Riquín* era el cuarto al mando en el cártel de Juárez. Se encargaba de coordinar la movilización de la droga que llegaba a El Paso por el Valle de Juárez.

Así, por medio de *Gente Nueva*, el cártel de Sinaloa logró apoderarse de 90% del área más codiciada, el Valle de Juárez, que comprende poblaciones como El Millón, Práxedis, Caseta, Benito Juárez, Loma Blanca, Guadalupe y Vistas de Zaragoza, así como los ejidos San Isidro y San Agustín, zona denominada Distrito Bravos, por donde el cártel local tradicionalmente introduce la mercancía a El Paso por unas 300 brechas de terracería.

Un informe de la inteligencia estadunidense indica que en Ciudad Juárez el cártel de Sinaloa se ha posesionado particularmente de las zonas habitacionales de más reciente creación. Sus integrantes establecieron en ellas casas de seguridad, bodegas y laboratorios y desde allí controlan el narcomenudeo mediante grupos locales, como *Los Mexicles*, *Artistas Asesinos* y *Gente Nueva*.

En áreas como el centro de la ciudad y colonias como La Azteca y La Cima, el cártel de Juárez mantiene el control del narcomenudeo de mariguana, heroína, cocaína y drogas sintéticas, a través de la pandilla *Los Aztecas*, integrada por 6 mil seguidores. De ellos, 2 mil son caracterizados por las autoridades estatales como grupo de "reacción inmediata".

Pero si bien en Ciudad Juárez continúa la disputa por el principal corredor de la droga a EU, el cártel de Sinaloa ya logró desplazar al de Juárez de los municipios Hidalgo del Parral, San Francisco del Oro, Santa Bárbara, Matamoros, Coronado, Balleza y Guadalupe y Calvo, zonas clave por las que controla el paso de la droga cultivada en Durango.

También se apoderó de los municipios de Chihuahua que colindan con Sinaloa: Morelos, Batopilas, Urique y Chínipas, además de Guachochi. En la parte norte de la entidad mantiene dominio sobre Villa Ahumada, Guadalupe y Calvo y Juárez. Mientras que Ascención, Janos, Casas Grandes, Nuevo Casas Grandes, Galeana, Madera, Buenaventura y Namiquipa aún son disputados por ambos grupos, aunque el cártel de Sinaloa tiene hegemonía.

El informe de inteligencia agrega que el debilitamiento del cártel del extinto *Señor de los Cielos* se debe a que Vicente Carrillo, *El Viceroy*, ha cedido espacios a la pandilla de *Los Aztecas*.

Estos manejan el narcomenudeo en 6 mil picaderos de Ciudad Juárez. Antes ellos eran los principales distribuidores y consumidores de droga; posteriormente, al inicio del Operativo, *La Línea* los convirtió en su ejército de sicarios; sin embargo, conforme la gente de Guzmán Loera ganaba terreno, el cártel de Juárez los contrató para pasar cargamentos a Estados Unidos.

De esta manera, con el control del narcomenudeo, las ejecuciones y el paso de grandes cargamentos, *Los Aztecas* se convirtieron en parte fundamental de la fuerza del cártel de Juárez, por lo que ahora intentan independizarse.

Otra parte del documento de inteligencia señala que, con la militarización de Ciudad Juárez, el gobierno ha logrado reducir en 40% el volumen de droga introducido por esta frontera a EU:

"Ante el desplazamiento militar –indica–, los narcotraficantes están desviando los cargamentos hacia el estado de Sonora, principalmente los municipios de Agua Prieta, Naco, Cananea, Santa Cruz, Sonoyta, Caborca, Altar y Nogales, lugares en donde tanto el cártel de Juárez como el de Sinaloa endurecieron su guerra por el control de la venta de droga a Estados Unidos."

En esa región sonorense, *El Viceroy* disputaba la plaza a *El Chapo*, a través de los hermanos Beltrán Leyva. Con la muerte de *El Jefe de Jefes*, el poder del cártel de Juárez disminuyó, por lo que el de Sinaloa va ocupando espacios, debido, según el primero, a que el gobernador de Chihuahua, José Reyes Baeza, y la procuradora Patricia González Rodríguez están "tolerando" las intromisiones del cártel de Sinaloa en su plaza. (Edición especial número 24 de **Proceso**, *El México narco*.)

Un informante del FBI de El Paso, en una entrevista publicada en **Proceso** 1634, sostuvo al respecto: "La plaza está controlada por los narcotraficantes". Según él, la presencia del Ejército sólo los repliega, pero no los anula. Es más: considera posible "que algunos militares sean aliados del narcotráfico".

En el aeropuerto de esta ciudad continuamente aterrizan naves particulares; los pasajeros son hombres de apariencia militar. El último vuelo reportado con estas características fue en noviembre de 2008. Las autoridades que acudieron a verificar no encontraron reportes de la llegada oficial de elementos del Ejército o de la Policía Federal Preventiva (PFP). Los datos los concentra el Centro de Investigación y Seguridad Nacional (Cisen), área de inteligencia de la Secretaría de Gobernación.

Y mientras *La Línea* sigue echando mano de la delincuencia local, *Gente Nueva* trabaja con más orden y oficio e incorpora a matones profesionales "sin ubicación en un sitio específico", señala el reporte.

Un dato que fortalece la versión del supuesto apoyo de las autoridades locales a *El Chapo* Guzmán: El cártel de Vicente Carrillo Fuentes ha sido el más golpeado durante el operativo. Mientras que del cártel de Sinaloa han sido detenidos operadores de bajo nivel, al de Juárez le han quitado ejecutores clave, como *El Riquín* Escajeda y Pedro Sánchez Arras, *El Tigre*, tercero y cuarto mandos en *La Línea*, respectivamente.

Nuevo León: Bienvenido a la realidad

Arturo Rodríguez García

MONTERREY, NUEVO LEÓN.- La noche del 3 de abril de 2008, en un arrebato delirante, los militares Luis Ángel Crisóstomo Guerrero y Gerardo Sánchez Mandujano, integrantes del Quinto Regimiento de Artillería del Ejército Mexicano protagonizaron en esta entidad una serie de asesinatos gratuitos.

Según el entonces procurador del estado, Luis Carlos Treviño Berchelman, alrededor de las 10 de la noche los dos militares abandonaron su campamento, ubicado en Lampazos, cerca de la frontera. Llevaban sus fusiles Galil de cargo y la indumentaria oficial. Se encaminaron a un caserío donde hay un aeródromo semiabandonado. En el camino amagaron con sus armas a una persona no identificada y le quitaron su camioneta *pick up*.

Dos civiles, Samuel Alejandro y Manuel de Jesús Aguirre, los acompañaron a un depósito cercano para comprar cervezas, pero el establecimiento estaba cerrado. Uno de los militares, que iba en la caja del vehículo, le pidió a Samuel Alejandro que se bajara en el cruce de las calles Rayón y Mina, y cuando éste lo hizo, le disparó.

Los soldados huyeron llevándose a Manuel de Jesús. Enfilaron hacia el sur de la carretera, a la comunidad de Colombia. Al llegar al camino que conduce al municipio de Candela, Coahuila, la camioneta se descompuso. El cautivo huyó, perdiéndose en la maleza y la penumbra.

Los soldados homicidas caminaron hasta Candela, donde robaron un automóvil para continuar su marcha. En el entronque a Villaldama encontraron una patrulla de la Agencia Estatal de Investigaciones (AEI). En ella iban el jefe de grupo Gerardo David Moreno y el agente Juan Ángel Rodríguez, a quienes los militares acribillaron. También estaban a bordo otro policía ministerial y un escribiente de la agencia del Ministerio Publico de ese municipio, quienes no resultaron heridos.

Los fugitivos se apoderaron de la patrulla Malibú de los policías y se dirigieron al sur, con rumbo al municipio de Salinas Victoria. La policía localizó la ruta del vehículo mediante el posicionador satelital GPS de la unidad, y se estableció un cerco de elementos de Seguridad Pública y de la AEI.

Los militares dejaron la carretera antes de llegar al poblado de Los Villarreales y se internaron por una brecha. Salieron por el ejido Urrutia y escondieron la patrulla entre los matorrales. Cuando por fin se vieron rodeados, uno de ellos caminó hacia los ministeriales con el fusil en alto, en señal de capitulación. Pero el otro salió detrás del coche y disparó. Murió José Luis Rodríguez López, adscrito al primer grupo de Homicidios, y ambos militares fueron abatidos de inmediato.

Rodrigo Medina de la Cruz, actual gobernador de Nuevo León, era entonces el secretario de Gobierno. Se apresuró a declarar que la relación con el Ejército era muy buena y que se desconocían los motivos de la conducta de los dos militares.

Nunca se difundió un informe sobre esos hechos, el perfil de los soldados, la razón por la que abandonaron el retén ni sobre la nula vigilancia y coordinación en los municipios que atravesaron hasta llegar muy cerca de la zona metropolitana de Monterrey, donde sucumbieron.

Como la mayoría de los hechos violentos de los 40 municipios rurales del estado, esta historia fue ahogada en silencio.

Policías a pie

Aunque en los patrullajes y operativos que se realizan en la zona metropolitana de Monterrey se logra a veces detener a algún pistolero conocido, los indicadores delictivos son alarmantes.

A finales de febrero pasado y principios de marzo fueron atacados con granadas los edificios de las policías municipales en San Nicolás, Guadalupe, Apodaca, Cadereyta y Escobedo, así como el penal de Topo Chico. Y en cualquier lugar, a cualquier hora, puede desatarse una balacera.

Aun así, el contraste entre cuerpos de seguridad estatal y de la zona metropolitana con los municipios rurales es grande. En éstos las volantas criminales se mueven a sus anchas.

En San Pedro Garza García, el municipio más rico del estado y de todo el país, el ayuntamiento cuenta con un "grupo de limpieza" para hacer "trabajo rudo", según las expresiones del alcalde panista Mauricio Fernández Garza, quien admite que comerciantes y empresarios de su ciudad aportan mensualmente entre 5 mil y 100 mil pesos para estas labores.

Pero en Los Aldamas, municipio rural cercano a la frontera y colindante con Tamaulipas, los policías sólo utilizan dos de sus cinco patrullas porque no tienen ni para gasolina.

En García, municipio casi absorbido por la zona metropolitana pero predominantemente rural, la ejecución del general brigadier Juan Arturo Esparza García, titular de Seguridad Pública, exhibe el poder del hampa. Un particular que se enfrascó en un lío por terrenos contrató a sicarios para que amedrentaran al presidente municipal, Jaime Rodríguez Durán. El 31 de octubre, un convoy formado por al menos ocho vehículos, en los que viajaban alrededor de 30 presuntos integrantes de *Los Zetas*, arribó a ese municipio para advertirle al alcalde Rodríguez Durán, en su domicilio particular, que debía "alinearse".

Al percatarse de la llegada del convoy, el funcionario pidió apoyo. El general Esparza se dirigió al lugar, pero unas 10 cuadras antes fue acribillado junto con su escolta, integrada por el teniente de infantería Jonás Castillo López, el teniente Román Pineda Rojas, así como por los civiles Óscar Román Castillo y Juan Ramón Lugo Esparza.

Esparza García no era cualquier militar. Se había retirado con 40 años de servicio tras desempeñarse en diferentes cargos relevantes del Estado Mayor Presidencial. Fue edecán de los presidentes Miguel de la Madrid, Carlos Salinas, Ernesto Zedillo y Vicente Fox. Era el responsable de la seguridad de visitantes distinguidos, como el Papa y jefes de Estado.

Tenía dos años de haberse incorporado a una empresa de seguridad privada en Monterrey cuando lo designaron en García. Después de su muerte, 120 policías fueron detenidos y más de 20 continúan presos por estar presuntamente coludidos en esa ejecución.

Las autoridades no han proporcionado cifras precisas de los policías de municipios rurales detenidos por el Ejército y consignados al Ministerio Público.

Sitio para desaparecer

En los municipios de Nuevo León es común que en las entradas de cada pueblo, rodeados de huizaches y mezquites, se encuentren hombres armados y con radios.

A veces pueden verse desde la carretera tolvaneras que avanzan entre el semidesierto. Basta esperar un poco para que el rugido de motores anuncie la aparición de un convoy militar surcando brechas que fueron abandonadas horas antes por alguna gavilla.

Lo mismo en parajes desolados del norte que en la zona boscosa del sur, el crimen organizado ha establecido campos de exterminio o de entrenamiento donde incluso desaparecen a sus víctimas con procedimientos químicos.

En menos de un año, elementos del Ejército localizaron por lo menos tres lugares de éstos. El pasado 5 de febrero, en Galeana, un convoy militar realizaba su patrullaje de rutina en la zona conocida como Refugio de los Ibarra cuando encontró tambos con ácido, presuntamente utilizados por la delincuencia organizada para desaparecer cuerpos de sus víctimas.

El 10 de febrero de 2009, en un paraje serrano de Arteaga, Coahuila –una zona rural limítrofe con Nuevo León–, otra patrulla militar, en otro recorrido de rutina, localizó tambos y fosas en los que se habían disuelto los cuerpos de al menos 18 personas. El 28 de octubre del mismo año, la Fiscalía General del Estado de Coahuila dio a conocer la identidad de sólo tres de los 18 restos óseos, que se consiguió comparando su ADN con el de familiares de desaparecidos. Los restos de las otras 15 personas no pudieron identificarse debido a su avanzado estado de descomposición.

El 14 de agosto de 2009 la Policía Ministerial de Nuevo León encontró en Santa Catarina una cueva con tambos y restos humanos. Los tres parajes mencionados están despoblados y se ubican en la zona limítrofe de Nuevo León y Coahuila. Los hallazgos incluyeron casquillos percutidos de armas .9 milímetros, así como balas de rifles automáticos AR-15 y AK-47. No se identificó a la mayoría de las víctimas.

El abandono

La muerte del general Esparza García mostró que en Nuevo León el narco tiene en su manos a la policía y que resuelve, como si fuera juez civil, hasta los diferendos entre particulares. Y en el municipio de Hidalgo hasta las protestas son apagadas por el narco a fin de que no se "caliente" la plaza.

La última semana de febrero, los habitantes de los municipios rurales del norte del estado ya no enviaron a sus hijos a la escuela. También cerraron los pocos negocios que hay en las comunidades escasamente pobladas, donde se refugian migrantes y narcotraficantes.

Las calles de las cabeceras municipales estaban desoladas porque en los alrededores los comandos hacían rondines, exhibían su poder de fuego y, a pesar de la alarma generalizada, ningún cuerpo de seguridad ni operativo militar llegó hasta el 24 de febrero.

Ese día estalló una balacera en Los Ramones, y en China murieron cuatro personas. Sólo entonces el gobierno estatal decretó una alerta roja y se incrementó la presencia policiaca y militar en esa zona, próxima a Tamaulipas.

Para la religiosa Consuelo Morales Elizondo, coordinadora de Ciudadanos en Apoyo a los Derechos Humanos, AC (CADHAC), la inseguridad y la corrupción policiaca constituyen la manifestación final de un problema que tiene su origen en el abandono social, pues en estos municipios no hay trabajo ni educación suficientes, y los niveles de vida y de dignidad son cada vez más limitados.

La activista advierte que la falta de operativos de seguridad en las zonas rurales es uno de los factores que explican el abandono general que padecen municipios como Doctor Arroyo, Iturbide, Mier y Noriega, Rayones y Zaragoza, donde el Consejo Nacional de Población registra un alto grado de marginación, con indicadores semejantes a municipios de Chiapas o Oaxaca, en un estado que presume de su desarrollo industrial.

"En el fondo, el problema de inseguridad se concibe igual en la zona rural y en la urbana. Las autoridades creen que con más policías y armas solucionan todo, pero el problema es integral y grande.

"Nuestros municipios están vacíos porque la gente no encuentra alternativas para sobrevivir, hay niveles de pobreza grandísimos y salen muchos a Estados Unidos para buscar mejor vida."

En esos municipios de mayor marginación se han desatado más escaramuzas entre el cártel del Golfo y *Los Zetas*, y de éstos con el Ejército y las fuerzas policiacas. "En China se dio un enfrentamiento y la gente no sale a la calle. No hay miedo. Hay terror y el terror paraliza", dice Morales Elizondo.

A su vez, Raúl Rubio Cano, fundador del Instituto de Investigaciones Psicológicas de la Universidad Autónoma de Nuevo León, asegura que el temor en la zona rural del estado tiene un alto costo social, además de que se manifiesta en depresión, insomnio o alergias por tensión y ansiedad.

El también periodista Rubio Cano considera que los medios de comunicación tienen parte de responsabilidad en la psicosis, ya que crean incertidumbre y temor al difundir los hechos sangrientos sin buscar las causas del problema.

"Cuando los medios potencian con su manejo informativo el temor de la gente, permiten al Estado tener manga ancha para que nadie cuestione sus acciones de combate a la delincuencia, así sean ilegales", advierte.

Coincide en ello la activista Morales Elizondo:

"Hay un enfoque eminentemente policiaco que no está dando ningún buen resultado y, por el contrario, existe un incremento brutal en la violación de derechos humanos por parte de policías y personal militar. La población pobre del medio rural está expuesta a dos fuegos criminales."

Tamaulipas: El otro poder

REYNOSA, TAMAULIPAS.- En la guerra que libran en esta entidad los cárteles de la Nueva Federación y *Los Zetas*, el papel de las fuerzas federales genera suspicacia entre la sociedad tamaulipeca, que vive atrapada en el fuego cruzado de los narcos, sin que las autoridades intervengan para protegerla.

A empresarios, políticos y representantes de la sociedad civil de Tamaulipas no les queda sino especular: el Ejército desaparece para que los sicarios se maten entre ellos, o de plano existen supuestos acuerdos entre el gobierno federal y la organización de Joaquín *El Chapo* Guzmán Loera.

Los enfrentamientos entre *Los Zetas* y la Nueva Federación (integrada por los cárteles del Golfo, de Sinaloa y *La Familia Michoacana*) no sólo han aumentado en frecuencia, sino en intensidad. Los testimonios de habitantes de la frontera tamaulipeca son recurrentes: "Transitan por las calles en caravanas de hasta más de 40 camionetas, todas identificadas con las cartulinas del CDG, la X, o la XXXM3, tripuladas por cuatro o cinco sujetos uniformados y visiblemente armados ¿Y dónde están los soldados? Sólo los dejan que hagan su guerra".

La ausencia de tropas federales fue notoria en Valle Hermoso: "Cuando llegaron las camionetas con sicarios, los soldados ya no estaban aquí. Las autoridades –incluyendo al alcalde Hamid Name Pineda– huyeron de inmediato para Roma, Texas, y los policías municipales y de tránsito desaparecieron. Nos dejaron solos, abandonados, en medio de las balaceras".

Temerosos, los habitantes de esa población colindante con Matamoros narran el virtual estado de sitio que vivieron del 24 al 26 de febrero, cuando grupos armados tomaron las calles y plazas como campo de batalla.

Lo mismo reportan habitantes de poblaciones rurales, como Mier, Camargo, Nueva Ciudad Guerrero, Díaz Ordaz, Miguel Alemán, Abasolo, Jiménez, San Fernando, Soto la Marina, Cruillas y Burgos. Comerciantes de Ciudad Victoria aseguran que hace semanas no pueden entrar a esas poblaciones. "La comunicación es telefónica y los clientes nos dicen que tienen miedo de salir del pueblo, y nosotros no podemos entrar porque hay retenes de esta gente en las carreteras", comentó un empresario.

La censura

La consultora estadunidense Stratfor señaló el pasado 1 de marzo: "La policía federal no ha hecho mucho en cuanto a medidas enérgicas para detener el conflicto actual del cártel. Además, las solicitudes de un despliegue militar de México por los políticos locales y regionales han quedado sin respuesta.

"Hay un número limitado de elementos militares mexicanos destacados en la región, pero las fuentes de Stratfor informan que el Ejército ha jugado un papel limitado contra las operaciones de *Los Zetas* y del cártel del Golfo. El gobierno de México parece haber impuesto un bloqueo informativo en la cobertura de la violencia de cártel contra cártel y de las operaciones en la región fronteriza de Tamaulipas."

De hecho, señala que el Ejército no ha estado involucrado en muchos de los eventos que la prensa reporta como choques entre "grupos delictivos" y militares. "La cobertura en los medios de comunicación tradicionales mexicanos ha tergiversado el grado de participación de los militares".

Según Jorge Pensado Robles, exdirigente regional de Coparmex, el Ejército "parece haberse quedado "impávido" ante la escalada de violencia en la entidad. "Han tenido fuego cruzado sólo cuando por alguna razón se topan" con los narcos.

Si la ciudadanía ya tenía dudas sobre la efectividad de la estrategia federal para combatir el crimen organizado, dice, la violencia de las poblaciones tamaulipecas en las últimas semanas ha generado más cuestionamientos:

"Ya no sabemos qué papel están jugando el Ejército y las fuerzas federales en todo esto. ¿Se habrán salido de las ciudades para que se maten entre ellos? ¿O hay un acuerdo con uno de esos grupos, como se dice, para que eliminen al contrario, que era el que estaba atacando a la sociedad civil, con el compromiso de que ahora se van a dedicar nada más a lo suyo?"

En cualquiera de los dos casos, añade, la sociedad ha quedado como rehén, "abandonada por sus autoridades" y sin información confiable.

Fuentes oficiales señalan que los más recientes enfrentamientos en ciudades como Reynosa y Río Bravo son intentos de *Los Zetas* para recuperar las plazas. Se presume que las fuerzas federales han tenido participación para contrarrestarlos.

"Hay informes de que las últimas balaceras han sido entre soldados y *Los Zetas* que han llegado de otras entidades como refuerzos", reconoció una fuente oficial.

Eduardo Alcalá, dirigente del Consejo Cívico de Ciudadanos e Instituciones Sociales (CCCIS), repite la versión que circula entre la ciudadanía a partir de la oferta del cártel del Golfo aparecida en mantas e internet: acabar con *Los Zetas* y las extorsiones, los secuestros, los pagos de cuotas y los asesinatos de inocentes.

"Es lo que se dice, que es un acuerdo con las fuerzas federales, que este nuevo grupo va a dedicarse a lo suyo exclusivamente y que va a dejar a la ciudadanía en paz. Quién si sabe si vaya a ser cierto", declara.

"Ahora resulta que para poder vivir en un estado de derecho se requiere que sean los delincuentes los que te lo pongan en orden. No se vale. ¿Qué tipo de sociedad estamos tratando de sostener?"

Para colmo, sostiene, a la par de la violencia ha crecido el rechazo de la sociedad contra los operativos militares en Tamaulipas, "porque son más los ataques y violaciones que cometen contra la población civil, y en algunos casos hasta asesinatos, que los resultados efectivos".

En este escenario, con autoridades estatales y municipales "en fuga" y el silencio impuesto a los medios de comunicación, la sociedad no tiene otro recurso que la presión social y la "autoprotección", apunta.

Las redes sociales Twitter, Facebook y YouTube se han convertido en una herramienta ciudadana, ante la escasa información que tienen a su alcance, para evitar quedar atrapadas en las balaceras. La población de los municipios afectados por la violencia se ha autoimpuesto un virtual "toque de queda".

De no ser por las denuncias en esas redes sociales, muchos de los casos de violencia en el estado serían ignorados. Una ciudadana del municipio de Camargo subió a YouTube un video grabado luego de una balacera ocurrida la madrugada del 27 de febrero. Horas después, la Sedena emitió un comunicado para informar de los decomisos de 22 vehículos y armamento, en tanto que las imágenes del video muestran las unidades y las armas abandonadas en la carretera tras un enfrentamiento entre cárteles.

Según Alcalá, circulan rumores de que tanto el Ejército como los narcos están quitando a los ciudadanos sus celulares para evitar que graben lo que ocurre.

Los rumores

Los testimonios de personas atrapadas en las balaceras no coinciden con los informes oficiales sobre el número de bajas en esos enfrentamientos.

Luz María González Armenta, dirigente de la agrupación Defensa y Promoción de los Derechos Humanos "Emiliano Zapata" de Matamoros, dice que los habitantes de esta frontera hablan de decenas de muertos, "muchas veces también soldados", pero en realidad "nadie sabe qué está ocurriendo, qué están haciendo con esos muertos", cuyos cadáveres simplemente son recogidos "nadie sabe por quién". Esto alimenta las especulaciones y el temor de la gente, dice.

Un funcionario estatal comenta que mucha información distorcionada es difundida por los mismos grupos delictivos para provocar terror, además de que hay balaceras que no se pueden reportar porque los grupos participantes –incluyendo el Ejército– acordonan el área y levantan a los muertos para desaparecerlos.

"Sí ha pasado que, tanto los verdes como los malos, cierran las zonas donde hubo balaceras, y se dice que limpian el área, no dejan pasar a nadie, y luego los reportes oficiales hablan de una o dos bajas, cuando los testimonios de ciudadanos aseguran que hubo 20, 30 y hasta 40. ¿Cómo saber hasta dónde eso es real o son exageraciones?"

Las cifras oficiales de la Procuraduría de Justicia del Estado señalan que hasta el 9 de marzo iban 49 muertos y seis desaparecidos en la entidad, pero esas cifras sólo reflejan las bajas en enfrentamientos con militares o los pocos muertos que han quedado abandonados en calles, plazas públicas y carreteras. Sin embargo, la mayor parte de los enfrentamientos recientes ha sido entre el cártel del Golfo y *Los Zetas*, sin la participación del Ejército.

Los entrevistados coinciden en que la cifra de muertos y desaparecidos en esta guerra de cárteles "es mucho mayor".

Para el exdiputado perredista José Ortiz Rosales la violencia en Tamaulipas no admite las versiones fáciles que la limitan a enfrentamientos entre dos grupos delictivos antagónicos.

"Los grupos delincuenciales tienen una alianza con los grupos del poder. Este es un reacomodo en el que todas las autoridades tienen mucho que ver; sin duda, están de alguna manera comprometidos", dice.

Para Ortiz Rosales, "no es gratuito que los ataques para tomar las plazas que dirigen el cártel del Golfo y sus aliados se centren en las presidencias municipales y en las corporaciones municipales".

Testimonios y reportes oficiales en poblaciones bajo ataque de los narcos sugieren que los sicarios buscan directamente a los policías que estaban al servicio de *Los Zetas*.

Ortiz Rosales señala que desde hace tiempo es conocido en esta entidad que, en cada proceso electoral, la delincuencia organizada pide, como "cotos de poder", las delegaciones de tránsito y las direcciones de Seguridad Pública de cada municipio.

"Los tamaulipecos tenemos la certeza de que las autoridades están coludidas, y esto trae un desajuste terrible que deja al ciudadano inerme, porque hoy no tenemos la protección de nadie", asegura.

Abogado de profesión, el propio Rosales Ortiz fue obligado por la delincuencia organizada a retirarse de un caso. "Puedo decir, con mucha vergüenza, que lloré de pena, de impotencia, de rabia, pero no puedo enfrentarme a este poder establecido, y creo que esta sensación que yo he vivido la han pasado muchos tamaulipecos".

Lo peor es la impunidad que se nutre de este miedo, expone. "Se dan asesinatos, secuestros, desapariciones, golpizas, que nadie denuncia y nadie reseña. Todos los conocemos de boca en boca, como ocurría hace 200 años, porque desde hace tiempo que los medios de comunicación ya no publican nada y el gobernador Eugenio Hernández Flores voltea para otro lado; siempre se escuda en decir que son asuntos que competen a la esfera federal.

"El gobierno del Estado abdicó de sus facultades. Jamás cumplió en este sexenio sus responsabilidades. Renunció. Conoce la realidad que hemos vivido, pero públicamente la evade. Está bloqueado, ve el mundo bonito, rosa, que está lejos de la realidad que viven los tamaulipecos."

Los propios periodistas locales apuntan que la censura de los medios no sólo obedece a las amenazas de los narcos; también la realizan, dicen, reporteros que sirven como enlaces de *Los Zetas*.

Sinaloa: Hasta el exterminio

Jorge Carrasco Araizaga

NAVOLATO, SINALOA.- La caravana comenzó su recorrido por la sindicatura Juan Aldama. Eran 26 camionetas. Todas llevaban tres "x" en los vidrios y en las puertas, pintadas con tinta blanca. Adentro iban cerca de 100 hombres armados, vestidos de negro y encapuchados.

En El Tigre, como se conoce popularmente a la sindicatura de Navolato, se inició la estela de muerte. Levantaron a tres personas y aquí mismo las ejecutaron. Después se encaminaron hacia Altata, en dirección al mar del Pacífico. Ahí asesinaron a dos más.

En esa cabecera municipal irrumpieron en varias casas del centro, pero casi todas estaban vacías. Dos personas no alcanzaron a huir y sus cuerpos, perforados por las ráfagas de las armas automáticas, quedaron en las principales calles de Navolato. A otros cinco se los llevaron. Entre ellos a Juan Pablo Jacobo Valles, de 58 años, suegro de José Cruz Carrillo Fuentes, asesinado luego de que, según sus familiares, fue levantado por el Ejército el 27 de octubre de 2008.

El recorrido siguió en varias rancherías y sindicaturas. Al otro día, cinco personas aparecieron ejecutadas a más de 50 kilómetros, en Culiacán; entre ellas, Jacobo Valles.

Nunca la muerte se había presentado aquí en caravana, hasta el día en que aparecieron "las x", el 20 de noviembre de 2009. Lo "común" era ver comandos de cuatro o cinco vehículos para detener y desaparecer personas.

Las tres "x" trazadas en los vidrios con pintura blanca para zapatos servían no sólo para que el numeroso comando se reconociera entre sí, sino también como símbolo de la alianza del cártel de Joaquín *El Chapo* Guzmán y *El Mayo* con *La Familia Michoacana* y el cártel del Golfo, formada para expulsar del estado a los antiguos integrantes del cártel de Sinaloa: los hermanos Beltrán Leyva y la familia Carrillo Fuentes. La nueva unión se identifica con tres "x", una por cada organización.

Cuando salían de Navolato, "las x" se toparon con un convoy del 24 Regimiento de Caballería Motorizado, en la colonia Alcanfores. Entre los pobladores se dice que hubo bajas de ambos lados, pero el Ejército aseguró que los delincuentes sacaron la peor parte: un detenido y tres muertos. La versión de aquí habla de un soldado muerto y otros tres secuestrados. El numeroso comando pudo escapar porque nublaron la zona con una bomba de humo.

Aunque el comandante de la Novena Zona Militar, general de brigada Noé Sandoval Alcázar, evitó identificar al grupo, aquí se atribuye la incursión a *El Chino Ántrax*, hombre de *El Mayo* Zambada.

Fuera de ese choque casual, de la intervención de la autoridad sólo se conoce el inicio de la averiguación previa. Tampoco se sabe nada de las investigaciones del atentado contra el alcalde de Navolato, Jesús Fernando García Hernández, del PRI, 15 días antes de la aparición de "las x".

En el ataque, ocurrido sobre la carretera Navolato-Altata, fallecieron los regidores César Villaescusa Gastélum y Jesús Andrés Carrillo Ramírez, además del agricultor, ganadero y excandidato a la presidencia municipal César Villaescusa Urquiza, padre del representante municipal.

El atentado y la caravana marcaron la etapa violenta que padece Navolato y ha hecho de 2010 uno de los años más sangrientos de Sinaloa. El diario *El Noroeste*, de Culiacán, lleva su cuenta: 578 muertos hasta la tercera semana de marzo; es decir, 7.1 muertos por día.

El gobernador del estado, Jesús Aguilar Padilla, del PRI, será recordado con un registro macabro: en cinco años de su gestión han sido asesinadas 4 mil 952 personas. Los últimos meses de su gestión, que acaba en diciembre de 2010, abonarán a esa cifra sin precedente.

Exterminio

Además de Navolato, en la zona centro del estado, donde *El Mayo* y *El Chapo* quieren sellar la expulsión de los Carrillo, las purgas más severas han resultado del enfrentamiento con la organización de los Beltrán Leyva. Por el sur, en el puerto de Mazatlán, en Escuinapa, Concordia y Elota. Al norte, entre los municipios de Guasave y Ahome, y se han extendido a El Fuerte, en la frontera con Sonora. En esa zona también han quedado rastros del paso de "las x".

La incursión de los hombres de *El Chino Ántrax* a Navolato ha sido la manifestación más violenta contra los Carrillo, originarios de este poblado y cuyo principal exponente fue Amado, *El Señor de los Cielos*, líder del cártel de Juárez.

Hace 15 años, en Navolato convivían prácticamente todos los jefes sinaloenses del narcotráfico. En un rango de 50 kilómetros se encontraban los ranchos de Carrillo Fuentes, *El Mayo*, *El Chapo*, Héctor *El Güero* Palma y hasta de los hermanos Arellano Félix.

Todos estaban allí por la importancia estratégica del lugar. Por años, hasta aquí ha bajado fácilmente la droga de la sierra o de la parte alta de Culiacán, a sólo 50 kilómetros. Luego se distribuye hacia el norte por mar, en Altata, a sólo 20 minutos de Navolato.

Los jefes del narcotráfico sinaloense hacían en esta zona sus negocios, administraban sus ranchos y construían sus grandes casas. Ahora los Arellano Félix están reducidos; *El Güero* Palma fue extraditado a Estados Unidos y *El Mayo* y *El Chapo* prácticamente ya expulsaron a los Carrillo de su pueblo. Además, *El Chapo* está en fuerte pugna con el cártel de Juárez en Chihuahua, otro de los escenarios más violentos del país.

El desplazamiento de los Carrillo Fuentes ha llevado años y tuvo como consecuencia la ejecución de Rodolfo y la desaparición de José Cruz. En Navolato sólo se quedaron algunas mujeres de los Carrillo. Las mansiones de miles de metros cuadrados que ocuparon las familias están abandonadas. El apellido dejó de ser sinónimo de poder. Hoy, aquí "todo lo que huele a Carrillo huele a muerte", dice uno de sus habitantes.

La barrida es completa: policías, socios, contadores, constructores y hasta veladores que trabajaron para ellos han sido asesinados. Cualquier persona que haya tenido relación o afinidades con la familia está bajo sospecha. Ya nadie se atreve a presumir que fue conocido o tuvo tratos con ellos.

En Navolato se registraron cerca de 40 asesinatos en los primeros dos meses y medio del año. La principal víctima es la población civil, no sólo por el número de muertos, sino por la caída de la economía y el desbordamiento de la delincuencia común.

El único que queda es Cesarín, como se conoce aquí al hijo mayor de *El Señor de los Cielos*, muerto durante una cirugía plástica en 1997. "Cesarín, que al parecer está en Ciudad Juárez, es el que podría llegar y poner las cosas todavía peor", dice un oficial de la policía en Culiacán.

Se ve difícil. En Chihuahua, *La Línea*, el grupo armado del cártel de Juárez, tiene otro frente contra *El Chapo*, aunque al inicio de la lucha por Navolato y Culiacán llegaron algunos de sus integrantes. Se presentaron con mantas en ambos municipios: "¿Para eso querían la tregua, para ubicar a nuestras familias?", reclamaba el mensaje, en alusión al frágil acuerdo de diciembre de 2008 entre *El Mayo*, *El Chapo*, los Beltrán Leyva, los Arellano Félix y los Carrillo Fuentes.

Ese año fue también violento en extremo para el estado: mil 251 asesinados, de acuerdo con la Procuraduría General de Justicia. Entre los ejecutados estuvo Édgar Guzmán López, de 22 años, uno de los hijos de *El Chapo*, muerto durante un ataque con bazukas y lanzamisiles el 8 de mayo de 2008 en un centro comercial de Culiacán, luego de la detención de Alfredo Beltrán Leyva, *El Mochomo*.

Este último capo había sido detenido en enero anterior por el Ejército. Arturo Beltrán Leyva, cabeza del cártel hasta diciembre pasado, cuando fue abatido por la Armada de México en Cuernavaca, acusó a *El Chapo* de haber entregado a los militares a quien había sido su brazo derecho.

La alegada traición ahondó la desestabilización en Sinaloa que se venía arrastrando desde el 11 de septiembre de 2004 con el asesinato de Rodolfo Carrillo Fuentes, *El Niño de Oro*, y su esposa, afuera de un cine en Culiacán. Seis civiles ajenos al conflicto también murieron. La acción fue adjudicada a *El Chapo* Guzmán.

Lo primero que se perdió fue el control de la policía municipal de Navolato. Rodolfillo, como lo recuerdan algunos pobladores, era quien manejaba la corporación. Él decidía si los uniformados tenían que detener a alguien o dejarlo libre. A través de los comandantes determinaba la ubicación geográfica de los elementos. El comandante recibía el dinero y lo "bajaba" a los patrulleros o todos aquellos que cumplían funciones de informantes o vigilantes. El esquema no ha variado.

En las sindicaturas (unidades administrativas representadas en el ayuntamiento por el síndico), comandantes de la policía han estado en una nómina pagada por la organización de los Carrillo. "Los que ya están vendidos con ellos ya no pueden agarrar dinero por otro lado; muchos de ellos están sentenciados", explica el oficial. Lo mismo pasa con los vendedores de droga.

Las invitaciones para trabajar con los Carrillo salían de las propias filas de los policías. Ahora, mientras se define quién y en qué condiciones se queda con el control del municipio, los policías están sueltos, "desamparados".

El temor es que tanto los que operaron para los Carrillo como los que están tomando el control saben en dónde viven los policías. "Saben qué hacen y cómo se mueven los uniformados. Todo lo tienen visto" en el municipio, añade el oficial de la policía en la capital.

La actual ofensiva para sacar a los Carrillo de Navolato comenzó con el asesinato de cuatro agentes municipales que al parecer estaban en la nómina del cártel ahora en desgracia. De acuerdo con información policial, en los últimos tres años ya son más de 30 los policías locales asesinados, 23 de ellos en la presente disputa. Muchos otros se han dado de baja.

En Navolato se habla de "un cambio de poder". La manera de medirlo es a través de los números de la corporación. De los 342 elementos autorizados para el municipio, sólo hay 217 plazas ocupadas, apenas 63%. Decenas han renunciado y se han ido del pueblo con su familia. Policías de a pie, patrulleros o comandantes renuncian de un día a otro.

"Ya párenle"

Ante el déficit de guardias para una población de 100 mil habitantes, la dirección de Seguridad Pública pegó por todo el municipio la convocatoria para contratar nuevos elementos. La gente no llega. No tanto por miedo a ser policía, sino al polígrafo y a los exámenes de control de confianza. El sueldo: 2 mil 300 pesos a la quincena. "Con esa paga, es muy fácil entrarle al *chalin*", es decir, trabajar para los cárteles, dice el oficial en Culiacán.

Sin embargo, el mayor número de muertos no está entre policías, sino en la población civil. Además de la caravana de la muerte se han registrado otras dos matanzas que dejaron 16 muertos. La primera, el 30 agosto de 2009, ocurrió en el malecón de Navolato, donde fueron acribillados ocho jóvenes, tres de ellos menores de edad. La segunda se desató el 12 de marzo de este año: ocho personas fueron asesinadas en una fiesta que se realizaba en el poblado de Bachoco.

"Nosotros decimos aquí que el que se va a quedar, que se quede ya, para que se calme esto. Es más fácil que se pongan de acuerdo ellos. Es lo más factible, porque ya no les conviene tanta muerte", coinciden en señalar habitantes entrevistados.

El miedo a ser víctima de los enfrentamientos domina en el estado, donde el Operativo Conjunto desplegado por el gobierno federal va por un lado y los enfrentamientos entre los grupos rivales por otro. El operativo sólo tiene de conjunto el nombre, pues las acciones están a cargo únicamente del Ejército. La Policía Federal prácticamente está marginada.

La violencia de 2008 obligó al anuncio del operativo en Culiacán y Navolato, iniciado en mayo de ese año. Imparables, los enfrentamientos alargaron el nombre y ahora se llama Operación Conjunta Culiacán-Navolato-Guamúchil-Mazatlán.

Casi tres años han transcurrido y los asesinatos no paran. "La idea del operativo era disminuir el alto índice de homicidios que en ese momento ya teníamos en Sinaloa, que en promedio era de cinco por día. Antes de 2008 teníamos 1.5. Paradójicamente, al ponerse en marcha los operativos, los asesinatos aumentaron y ahora estamos en siete al día", dice Leonel Aguirre Meza, presidente de la Comisión Independiente de Derechos Humanos de Sinaloa.

"La preocupación social y de las organizaciones de derechos humanos es que no vemos que esas cifras vayan a bajar en el corto plazo, con el consecuente aumento en las violaciones a los derechos humanos. Cuando arrancó el operativo nos dijeron que el respeto a los derechos humanos estaría garantizado porque la autoridad civil iba a estar al frente", afirma el abogado.

"Pero los militares ni han estado bajo el mando de la autoridad civil ni coordinados. Tampoco han actuado con inteligencia ni han tenido los recursos suficientes para enfrentar a los que se disputan el estado. Y lo más grave: el nivel de muertes entre la población civil ha aumentado", dice.

El Noroeste estima que desde el inicio del operativo, por lo menos 19 civiles inocentes han muerto y 18 más han resultado heridos en fuego cruzado o en acciones de un grupo contra otro. Fue el caso de Cristóbal Herrera, un estudiante de 16 años que cursaba el bachillerato en la preparatoria Salvador Allende de la Universidad Autónoma de Sinaloa (UAS).

El 10 de julio de 2008 Cristóbal fue asesinado durante la incursión de un comando armado de entre 10 y 15 personas en un taller mecánico en Culiacán. No fue el único miembro de la UAS que murió en lugar. También fallecieron otros dos estudiantes y el profesor de la Facultad de Contabilidad. Su hermano César, de 29 años, resultó herido en una pierna.

Los sicarios masacraron a nueve personas, cinco de las cuales eran empleadas del negocio, que al parecer se dedicaba a "clonar" patrullas para una organización delictiva.

La madre de Cristóbal, Alma Trinidad Herrera, promovió la creación de Voces Unidas por la Vida, ante la indolencia de las autoridades federales y estatales, incluido el exrector de la UAS Héctor Melesio Cué (quien busca ser candidato del PAN a la gubernatura), para investigar la matanza.

La organización se formó en octubre de 2009 y está integrada por familiares de desaparecidos y víctimas de los enfrentamientos, principalmente de Culiacán, Navolato y Mazatlán.

Sobre la muerte de su hijo, cuenta Alma Trinidad: "En la Procuraduría del estado me han querido vender la idea de que todos los que participaron en la masacre ya están muertos, incluido el supuesto dueño del taller. Bueno, si es así, que lo pongan en el expediente y que digan quiénes fueron los responsables.

"Pero encima de la tragedia que sufrimos nos tratan de tontos, como fue el caso de la Comisión Estatal de Derechos Humanos (presidida por Juan José Ríos Estavillo), que falsificó mi firma en un documento donde yo supuestamente aceptaba que mi caso estaba concluido".

El sector empresarial también se queja por el aumento de la violencia y la afectación a los civiles. Samuel Campos Velarde, presidente de la Confederación Patronal de la República Mexicana en Sinaloa, explica que en abril de 2008, ante la escalada de violencia, la iniciativa privada le solicitó al gobernador Jesús Aguilar Padilla que demandara la intervención del Ejército.

"En mayo tuvimos al entonces secretario de Gobernación, Juan Camilo Mouriño, y al secretario de la Defensa, el general Guillermo Galván, quienes acordaron con el gobernador que el Ejército llegara a las calles de Culiacán. De entonces acá tenemos las calles ocupadas por el Ejército, con el afán de disminuir la violencia. Pero este objetivo no se ha logrado", dice en entrevista en Culiacán.

"Nuestra principal preocupación es que la violencia del narcotráfico en las calles involucra cada vez más a civiles inocentes, como fue en la ejecución de Rodolfo Carrillo, en el estacionamiento de un centro comercial y que se llevó, entre otras personas, a uno de los muchachos que estaban cuidando los carros", lamenta Campos Velarde.

La delincuencia, subraya, está rompiendo todos sus cercos en Sinaloa, y recuerda que hace mucho tiempo las balaceras eran esporádicas en las calles de la ciudad, "pero en los últimos dos o tres años ese código ya no existe y todos estamos expuestos. Ahora se ven levantones en pleno centro de la ciudad. Y aunque aquí el nivel de extorsiones no es el de otros estados, nos preguntamos qué más nos falta padecer", dice el dirigente empresarial.

Lo que más dice angustiarlo es la saña de los crímenes. Refiere el caso de una persona a la que mataron en Culiacán y en cuyo cortejo fúnebre un grupo de sicarios trató de asaltar el cadáver para "rematarlo". "Esto está escalando y no sabemos a dónde nos va a llevar".

El temor y el terror de la sociedad no son gratuitos. En enero pasado, en Los Mochis, en el norte de la entidad, un integrante de la organización de los Beltrán Leyva fue ejecutado y decapitado. Los victimarios le quitaron la piel de la cara y la pegaron en un balón de futbol que dejaron frente a la Unidad Administrativa del gobierno del estado.

Zacatecas se escribe con Zeta

José Gil Olmos

ZACATECAS, ZACATECAS.- Ese Día de Muertos era una fecha especial para los habitantes de Ojocaliente...

En las calles del pueblo esperaban ansiosos el desfile tradicional donde participan contingentes de escuelas, barrios y colonias que, con atuendos de catrines y catrinas, portando máscaras o a bordo de vehículos con figuras y leyendas alusivas a la muerte, se dirigirían al zócalo para repartir a los niños coloreadas calaveritas de dulce.

Cuando el desfile comenzó, los participantes se veían felices porque entre las vistosas camionetas y carros alegóricos que los acompañaban recibían aplausos y porras de sus amigos y familiares al pasar por las principales avenidas.

Pero entre la nutrida fila de vehículos apareció de pronto una camioneta oscura. Nadie sabía de quién era, y de ella sobresalía una enorme figura de la Santa Muerte, o Santa Niña, sujetada por un hombre armado. Eran casi las siete de la noche y los habitantes de Ojocaliente se miraban entre sí tratando de averiguar a quién pertenecía.

No fue sino hasta que la camioneta dio vuelta al zócalo y se estacionó frente a la Presidencia Municipal para que sus ocupantes regalaran dulces a los niños y carne seca a los adultos, cuando la incertidumbre de la gente se transformó en miedo:

El vehículo pertenecía a *Los Zetas*, quienes habían decidido participar en el desfile del Día de Muertos de Ojocaliente luciendo la imagen de su principal deidad, la Santa Muerte, que tiene en La Noria, Sombrerete, uno de sus santuarios más antiguos y más visitados por los narcotraficantes.

Al darse cuenta de que se trataba de *Los Zetas*, los espectadores suspendieron los aplausos que prodigaban a la procesión y, mirándose de nuevo, sus rostros reflejaron renovadas dudas: no sabían qué hacer.

Era el 2 de noviembre de 2008 y los habitantes cumplían con la vieja tradición de un pueblo que, fundado en el siglo XVII, formó parte de San Luis Potosí hasta que, hace medio siglo, sus pobladores decidieron pertenecer a Zacatecas.

Dos meses antes, en septiembre, los casi 20 mil habitantes de Ojocaliente se habían quedado sin policías: los alrededor de 50 agentes que tenían renunciaron a sus puestos con el argumento de que carecían de seguridad para trabajar y los querían involucrar en los asaltos, extorsiones y secuestros que se estaban produciendo en la zona.

Justamente por esos días se había perpetrado el secuestro del prestamista más rico del pueblo, Roberto García Cárdenas. *Los Zetas*, coludidos con policías, lo habían levantado a las 21:00 horas de un billar haciéndose pasar por agentes de la AFI o vestidos de soldados.

Cuando se supo del secuestro, muchos pobladores se alegraron porque habían sido víctimas del usurero, cuyos captores le sacaron 600 mil pesos de rescate. Pero el regocijo se convirtió en rabia al enterarse de que, una vez que los plagiarios cobraron el dinero y dejaron libre al prestamista, irrumpieron en su casa y se llevaron a Eric, su hijo invidente, y a su hija María Guadalupe –quien un mes antes había dado a luz–, para exigir un nuevo rescate.

Indignados, los pobladores de Ojocaliente realizaron protestas y bloquearon la carretera que comunica a Zacatecas con Aguascalientes, exigiendo la presencia del Ejército y la aparición de los hijos del prestamista.

Fue tal la preocupación que generaron las protestas que, en secreto, el gobierno del estado proporcionó dinero a la familia de García Cárdenas para que pagara el rescate, en tanto que el Ejército reaccionó de inmediato y se instaló en el municipio. Quería apagar un fuego social que empezaba a propalarse.

Pero a quienes no les gustó para nada el arribo de los militares fue a los policías municipales. Al renunciar, los agentes argumentaron, además de las condiciones de inseguridad, que estaban siendo hostigados por los soldados.

A las instalaciones abandonadas de la corporación policiaca el gobierno del estado mandó un puñado de policías ministeriales de la capital para sustituir a los del municipio. Pero pronto hubo desacuerdos entre las autoridades y los nuevos vigilantes, pues éstos pedían mejores salarios y exigían diariamente comida costosa: cortes finos de carne, camarones, pescado...

Sin agentes policiacos permanentes en el pueblo, ahí estaban *Los Zetas* el Día de Muertos de 2008 con sus poderosas armas debajo de sus disfraces, aunque la gobernadora Amalia García siempre había negado la existencia de esos sicarios en la entidad.

Los temores de la población se acrecentaron aproximadamente un mes después esa fecha, pues *Los Zetas* llegaron a la Presidencia Municipal y se llevaron por la fuerza al alcalde José Luis Ortiz Martínez, a quien mantuvieron cautivo durante horas y simularon hacer prácticas de tiro al blanco con su cuerpo, sin llegar a herirlo. De acuerdo con una fuente local, más tarde el alcalde fue golpeado y amenazado por *Los Zetas*, quienes por último lo abandonaron en el centro del pueblo.

A Ortiz Martínez, actualmente amparado, se le acusa de encubrir el secuestro y asesinato de dos policías de Aguascalientes, Antonio y Rafael Zavala Proa, en el municipio de Ojocaliente, el 10 de noviembre de 2009, cometidos presuntamente por *zetas* relacionados con los agentes municipales.

La versión extraoficial señala que Antonio Zavala, suboficial de la policía estatal de Aguascalientes, había ido a la comunidad de Plateros, Zacatecas, a pagar una "manda" al santuario del Santo Niño de Atocha, y al cruzar por Ojocaliente los policías preventivos lo detuvieron junto con su esposa y su suegro. Éstos, al ser liberados, se fueron a Aguascalientes a dar aviso a Rafael, quien también era oficial policiaco.

Rafael habría llegado ese mismo día, sábado 7 de noviembre, a Ojocaliente a exigir que le entregaran a su hermano Antonio, pero desde entonces ninguno regresó con sus familias. Tres días después sus cuerpos aparecieron en los límites de ambos estados con huellas de tortura –cortaduras con una sierra eléctrica– y disparos en la cabeza.

Nuevamente el municipio fue tomado por la policía estatal y el Ejército, mientras que los 48 agentes preventivos y de tránsito municipales fueron detenidos –uno de ellos se suicidó– bajo la acusación de ser cómplices de *Los Zetas*, que han hecho de este lugar de aguas termales, hortalizas y viñedos uno de sus centros estratégicos de operación, por su cercanía con Aguascalientes y la capital, Zacatecas. La mayor parte de los agentes fueron puestos en libertad.

Silencio del gobierno

A principios de 2007, en una reunión a puerta cerrada con todo su equipo de seguridad, la gobernadora Amalia García dio una orden: "No hay que alertar a la población" de los "grupos extraños" presentes en la entidad.

Para entonces las organizaciones criminales ya se movían en comandos por todo el estado cometiendo secuestros, extorsiones y amenazas a medios de comunicación con total impunidad.

Con tal de procurar el envío de señales de tranquilidad a los habitantes del estado la gobernadora negaba lo que los zacatecanos ya sufrían cotidianamente. Pero entonces se multiplicaron los asesinatos, las desapariciones, las extorsiones y los ataques a policías y militares en sus propios cuarteles, principalmente en los municipios aledaños a Durango y Jalisco, sin que de tales hechos se produjeran registros oficiales.

Algunos de los sicarios que operaban en la entidad iban embozados y con uniformes de la AFI. En Villanueva, el expresidente municipal Mariano Ureño fue sacado por la fuerza de su casa en la colonia Felipe Ángeles, y casi simultáneamente se registró el secuestro de Tadeo Ruiz, industrial panadero de la cabecera municipal. Apenas un día antes había sido levantado en Jerez el comerciante Abel Márquez.

La noche del 6 de mayo de 2008 se desató una balacera en el municipio de Villa de Cos entre militares y un grupo de sicarios que viajaban en 10 vehículos. El saldo: tres muertos –una niña y dos adolescentes– por el fuego de los soldados.

Los familiares presentaron una queja ante la Comisión Nacional de los Derechos Humanos (CNDH) porque el Ministerio Público de Fresnillo se declaró incompetente para investigar. Ante ello, la Procuraduría General de Justicia Militar retomó el caso, aceptó que los militares habían disparado contra los jóvenes, pero los acusó de haber atacado primero a los soldados.

El 27 de octubre del mismo año Luis Medina, uno de los sobrevivientes de la izquierda comunista en la entidad, autor de la columna "Recreo", del diario *Imagen*, escribía:

"Al momento de redactar estas líneas, siguen sin aparecer los 10 secuestrados de la semana pasada en Jiménez del Teul. Se suman a la lista de los cuatro de la colonia González Ortega; del joven de Río Grande; de Cenobio Puente, de Sombrerete; de los dos de Villanueva; de los dos excustodios del Cereso; de uno de los hijos del general Anacleto López; de los dos primos de Jerez sustraídos el 10 de febrero del 2007, con los que inició este ciclo infernal".

El 28 de diciembre de 2008, el Día de los Santos Inocentes, Amalia García se asustó al saber que un comando de 70 sicarios había asesinado a siete policías estatales que trasladaban a dos secuestradores en Tlaltenango. *Los Zetas* volvían a actuar sin que nadie los detuviera, mientras que la gobernadora manifestaba al gobierno federal la necesidad de tener "una coordinación absoluta" en el combate al crimen organizado en Zacatecas, que se consideraba uno de los cinco estados más seguros del país.

El 15 de septiembre de 2009 la gobernadora estaba en su oficina esperando trasladarse en helicóptero a Sombrerete para asistir al informe del presidente municipal. Era el mediodía cuando recibió una noticia. La camioneta color arena en la que siempre viajaba había sido atacada por un comando de *Los Zetas*. El vocero del gobierno trató de desmentir públicamente el atentado.

Pero ya era tarde. La información corría y permitía confirmar el poderío de los narcos, quienes a plena luz del día habían atacado el vehículo de la mandataria estatal, lanzándole un mensaje claro: "Zacatecas se escribe con Zeta".

Presentes ya en las principales calles de la capital, *Los Zetas* desafiaron al aparato de gobierno. La madrugada del 16 de mayo de 2009, utilizando uniformes de la AFI, *Los Zetas* entraron a la cárcel de Cieneguillas, localizada a unos kilómetros de la capital, y sacaron a 53 reos en 10 camionetas y un helicóptero, sin que nadie los detuviera.

Posteriormente, la noche del 23 de noviembre, en la colonia Condesa, de Guadalupe, el director de la Policía Ministerial del Estado, Miguel Ángel Jiménez, fue herido por un grupo de sicarios que lo persiguió por las principales avenidas de la ciudad.

Precauciones de la prensa

Cuando los reporteros zacatecanos escuchan el ulular de las patrullas y ambulancias, o se enteran por radio de un operativo, ya no salen desaforados en busca de la nota, como lo hacían antes. Primero investigan de qué se trata; luego se ponen de acuerdo para ir en grupo al lugar de los hechos, y, por último, salen temerosos, con todo tipo de precauciones.

El 9 de diciembre de 2008 la reportera de *El Sol de México* Miriam Serrano fue perseguida por un grupo de sicarios desde el bulevar López Mateos hasta las instalaciones de la comandancia de la policía, donde su auto tiró la pluma de seguridad de la entrada en busca de refugio.

Tuvieron que rescatarla el procurador y el secretario de Protección porque los sicarios no querían dejarla ir. Días antes había publicado una nota sobre la desaparición de dos custodios. Las autoridades enviaron a la reportera a otra entidad durante un mes, pero a su regreso ya no siguió trabajando como periodista.

A partir de entonces la prensa zacatecana se previno ante la inseguridad, sobre todo porque los amagos de *Los Zetas* continuaron.

"Vamos a publicar sólo lo más importante", fue la decisión de los medios. Y las amenazas no cesan.

Secuestros y asaltos en masa

El 13 de julio de 2008 los habitantes de Chalchiuites estaban animados con las carreras de caballos que organizaron para divertirse y apostar algo de dinero. La carrera principal era una parejera entre *El M-1* y *El Cinco*, que ya traían un pique porque en tres ocasiones anteriores este último había ganado.

Se trataba de una carrera más de orgullo que de dinero, pues las apuestas apenas sumaban 80 mil pesos. Alrededor de las 19:00 horas, al terminar la justa con una nueva victoria del M-1, llegaron siete camionetas último modelo de las que brincaron numerosos hombres vestidos como militares y con uniformes de la AFI.

"Traían armas que nunca habíamos visto. Había unas que apuntaban con un foquito rojo, granadas y bazucas. Cuando entraron del lado de los cajones de caballos –algunos iban encapuchados y otros con los rostros descubiertos–, alguien gritó que ya había empezado un pleito, y algunos quisieron irse, pero ya no pudieron", recuerda uno de los asistentes.

"Se llevaron a un señor que se llama Antonio Cuevas, y hasta la fecha no se ha sabido nada de él. También se llevaron 10 camionetas, todos los caballos, billeteras, joyas. Se apoderaron del dinero de la venta de cervezas, de las entradas, de todo. Cuando empezaron a agarrar a los señores, a algunos los golpearon, a otros les decían que los iban a matar pasándoles por encima con las camionetas. Decían que eran del cártel del Golfo", refiere otra de las personas que se hallaban en el rancho Santa Rosa, donde se acondicionó el carril de carreras.

Durante tres horas *Los Zetas* mantuvieron secuestradas a las 300 personas que habían asistido a las carreras de caballos. A las mujeres las agruparon en un lado y a los hombres en otro; los tiraron bocabajo en la tierra y les exigieron que sacaran las carteras. Soltaban balazos y les gritaban que si descubrían que no habían sacado todo el dinero, los iban a matar.

Lo raro para los habitantes de Chalchiuites fue que ninguna autoridad se presentó a darles auxilio, ni siquiera los soldados que a sólo 45 minutos del lugar habían instalado un retén permanente.

"Nos estamos acostumbrando a esto. El 18 de agosto del mismo año estos 'amigos' secuestraron durante medio día el ayuntamiento de Jiménez. Ni soldados ni autoridades pudieron entrar desde las 8:00 hasta las 13:00 horas. Días después se llevaron a ocho hermanos de la familia Herrera que nunca reaparecieron", sostiene otro de los asistentes a la carrera de caballos donde los únicos ganadores fueron *Los Zetas*.

A las afueras de la ciudad de Zacatecas, en el entronque de las carreteras que conducen a ella, a Guadalajara y a Torreón, hay una gasolinería donde dos veces a la semana, a plena luz del día, llegan *Los Zetas* a intercambiar a sus rehenes por el dinero que exigen como rescate.

El punto de encuentro está vigilado las 24 horas del día por un grupo de *halcones* que reciben un salario de 3 mil pesos quincenales. Los viernes a las 15:00 horas, y los sábados a las 19:00 horas, invariablemente llegan siete vehículos de donde son sacadas personas amarradas y vendadas de los ojos para entregarlas a sus familiares a cambio de rescates.

Es de llamar la atención que a cinco minutos del lugar se ubiquen las instalaciones de la PGR, la policía que vigila el penal de Cieneguillas y un edificio de la policía ministerial.

San Luis Potosí: "Ni se metan"

Verónica Espinosa

RIOVERDE, SAN LUIS POTOSÍ.- Municipio que marca la zona media del estado y el camino hacia la Huasteca que va a toparse con las fronteras de Tamaulipas y Veracruz, Rioverde es, sin medias tintas, territorio de *Los Zetas*.

Poco más de 130 kilómetros separan Rioverde de la capital del estado, por autopista o carretera libre, pero apenas se inicia el recorrido es imposible captar señales de radio o celular.

La sensación de aislamiento no termina sino hasta el Puente de Adjuntas, ante un retén del Ejército donde alrededor de 15 soldados de la XII Zona Militar se turnan para revisar vehículos. "Vienen dos o tres veces a la semana y se quedan tres horas, si acaso", dice un vendedor de naranjas y chiles secos. Es 28 de enero de 2010.

Los soldados marcan el alto a una camioneta con logos oficiales de la Dirección de Seguridad Pública Municipal; al conductor y su acompañante les ordenan bajar, y hacen la revisión. Es el único retén militar que **Proceso** ha encontrado durante un recorrido de tres días entre la capital potosina, Matehuala, Rioverde y Cárdenas.

A partir de 2006 la presencia de *Los Zetas* en esta región pasó de un discreto control al abierto desafío a través de visitas públicas a las autoridades municipales, a las que amenazan y vigilan. Ahora estos sicarios se dedican también a la extorsión, al secuestro de comerciantes, dueños de giros negros y tianguistas de piratería, así como al robo de tráileres, cuya mercancía venden en las mismas carreteras. Además, tienen campamentos paramilitares donde entrenan a los grupos que utilizan para controlar a la delincuencia común.

Uno de sus primeros objetivos fue el control de taxis piratas en lugares como Ciudad Valles. La muerte espera a quienes se oponen, como ocurrió a principios de enero con el líder Leopoldo Castillo, asesinado junto con su esposa a las puertas de su casa luego de encabezar una manifestación de taxistas organizados para denunciar extorsiones y exigir el retiro de los piratas.

Vigilancia

La presencia del narco en estas regiones potosinas, geográficamente incomunicadas y de alta marginación, no es nueva: desde los setenta se detectaron sembradíos de mariguana que hoy estarían reactivándose, según los testimonios de un militar y dos exjefes policiacos que pidieron mantener sus nombres en reserva.

Uno de ellos afirma que el comando entrenado por *Los Zetas* "entrega" a los ladrones de comercios a la policía local y presta asimismo "sus servicios" de seguridad en bailes o presentaciones de grupos musicales populares de banda.

Su poder es abrumador. Por ejemplo, Cárdenas, un municipio con menos de 20 mil habitantes ubicado a una media hora de Rioverde, sobre la carretera a Ciudad Valles, es rehén de *Los Zetas*. Es la segunda ciudad más importante de la zona media, pero en los últimos años su población ha decrecido.

Un exdirector de policía de ese municipio lo sabe: "Mantienen vigilado todo: la Presidencia Municipal, las oficinas del jefe de policía; registran cada movimiento, quién entra y quién sale. Ahí no se mueve nada sin que lo sepan. Ahora reclutan a jóvenes para hacer esa vigilancia, y también para robos de mercancías: tanques de gas, computadoras, bicicletas. Si se les detiene a alguno de sus muchachos, de inmediato llaman al jefe y le piden la atención. Y hay que soltarlo, no hay de otra".

Es media tarde y hay ajetreo en las calles. Las bancas dispuestas afuera del ayuntamiento están llenas de personas que platican o esperan algún trámite. Grupos de estudiantes pasan ruidosamente sobre las banquetas.

Frente a la Dirección de Policía es otro el ambiente: dos hombres con teléfono celular en mano hacen guardia; desde un par de vehículos, otros no pierden de vista el inmueble de dos cuartos, antesala del despacho del director, quien es abordado por la reportera.

En la conversación, el jefe policiaco reconoce la presencia de *Los Zetas*. Dice que el acoso es permanente. A veces le preguntan cómo está la seguridad y le ofrecen "echarle la mano si tiene problemas". El mando criminal que opera en la zona lo ha buscado y le ha propuesto pactar "para que cada quien haga lo suyo y no se meta con el otro", aunque asegura que se ha negado a aceptar.

Pone un ejemplo de que los sicarios se enteran de todo: cuenta que en un par de ocasiones avisó a la policía estatal de incidentes relacionados con el grupo armado, "con datos concretos que luego los de enfrente ya sabían".

En plena entrevista el jefe policiaco recibe una llamada telefónica y debe dar santo y seña de quiénes son sus visitantes y qué quieren. "Ya me preguntaron", comenta. Es hora de salir de la ciudad.

Las calles antes pletóricas de gente ahora están vacías. Sólo hay silencio. El automóvil en el que viajan el fotógrafo y la reportera es seguido hasta la gasolinería por un taxi y un vehículo compacto blanco cuyo conductor habla por radio. Una camioneta los releva hasta el entronque con la carretera Rioverde-Ciudad Valles.

Por las buenas o por las malas

En octubre de 2006, el entonces secretario de Seguridad Pública federal, Eduardo Medina Mora, presumía que San Luis Potosí era la cuarta entidad más segura en el país, según la encuesta nacional del Instituto Ciudadano de Estudios sobre Inseguridad.

Pero ya desde principios de ese año algunos medios locales –los que ahora apenas rozan el tema– reportaban las primeras apariciones públicas de *Los Zetas* ante autoridades de varios municipios en el estado.

En enero del mismo año, en Ébano, en la frontera con Tamaulipas, cuatro hombres abordaron a dos policías preventivos en su propia base operativa. Preguntaron por "el encargado" y anunciaron que iban de parte "de una persona del cártel del Golfo, conocido con el alias de *La Maña*".

Según una tarjeta informativa que tuvo en sus manos el extinto director de Seguridad Pública del estado, Jaime Flores Escamilla, a los pocos minutos llegaron cuatro camionetas. Los dos policías fueron obligados a subir a una de ellas; el mensaje que recibieron fue que el cártel del Golfo entraría a operar en ese municipio, "por la buena o por la mala". Poco después, el jefe policiaco fue interceptado por los mismos sicarios, y le hicieron saber que ya habían hablado con el director de la Policía Municipal y el de la Ministerial, "y que no había ningún problema".

A principios de mayo de ese mismo año Alfonso Lechuga Licona, *El Cañas*, un operador de *Los Zetas*, secuestró a la madre del presidente municipal de Villa de Arista, Miguel Castillo Mares. *El Cañas* fue detenido por autoridades locales y entregado a la SIEDO el 25 de mayo, junto con René Lorenzo, Onorio y Octavio Gómez Cruz, René Lorenzo Gómez, Isidro Soto Lechuga, Alejandro Domínguez Treviño e Isidro Martínez Soto. Los integrantes de esta célula fueron internados en el Cereso de San Luis Potosí, pero *El Cañas* fue trasladado al Cereso 2 de Occidente, por su alto perfil de peligrosidad.

Desde junio de 2003 la PGR había incluido a Lechuga Licona, junto a otros 31 integrantes del círculo cercano de Osiel Cárdenas Guillén, en una lista de los más buscados, por los cuales ofrecía recompensas. *El Cañas*, un exmilitar, era también conocido como *Z-27* y formaba parte del grupo fundador del entonces brazo armado del cártel del Golfo.

La PGR reveló posteriormente que en realidad el objetivo del plagio era el hermano del edil, a quien *El Cañas* incluso le ofreció intercambiarse por la mujer.

En la mañana del 21 de diciembre de 2007 *Los Zetas* desafiaron abiertamente la vida pública de Rioverde: con rifles AK-47 y granadas irrumpieron en el Palacio Municipal y encararon al entonces alcalde, Sergio Gama, a quien le exigieron libertad para operar en el municipio.

Luego se dirigieron a las oficinas de la policía y amagaron al director Juan Manuel Ávila Juárez para que les diera los datos de los elementos de la corporación; formaron a los preventivos y a cada uno le entregaron un sobre con dinero, pero además les asignaron tareas para la organización.

De acuerdo con los abundantes testimonios que circularon entonces en algunos niveles del gobierno estatal y en blogs de Rioverde, *Los Zetas* repitieron esta operación en el vecino municipio de Ciudad Fernández.

En ambos casos se menciona la participación de Héctor Izar Castro, *El Teto*, quien fue detenido en enero de 2008 y presentado por la PFP como "líder de una célula de *Los Ze-*

tas" que fungía como contacto entre el grupo armado y los jefes policiacos locales.

Izar Castro había sido en tres ocasiones director de la policía preventiva de Rioverde.

En Ciudad Fernández, por cierto, se comienzan a registrar incursiones de integrantes de *La Familia Michoacana*. A militares de la zona les preocupa un eventual enfrentamiento entre éstos y *Los Zetas*.

"Ni se metan"

Una de las primeras cosas que los nuevos alcaldes potosinos quisieron saber cuando asumieron sus cargos, en octubre de 2009, fue cómo tendrían que actuar ante la presencia de los grupos del crimen organizado y el narcotráfico en sus municipios.

"Ni se metan", fue la respuesta que recibieron de los titulares de las corporaciones policiacas estatales.

Esta es la misma estrategia que se asumió como práctica cotidiana durante el sexenio del panista Marcelo de los Santos, a quien hoy se le reclama públicamente su permisividad ante la delincuencia organizada.

El exdiputado, notario y analista político Eduardo Martínez Benavente afirma sin reservas:

"Un sector de *Los Zetas* tiene el control total en la entidad, con un acuerdo tácito con el estado que les garantice que la violencia no se desbordará, como ha ocurrido en otras entidades. Ellos (*Los Zetas*) controlan los índices delictivos ante la omisión cómplice del estado; el silencio, la falta de denuncia, es por miedo."

El diputado local del PRD Felipe Abel Rodríguez coincide: en la entidad hay un "crecimiento exponencial" de la violencia por las confrontaciones entre los grupos del narcotráfico, y responsabiliza al panista Marcelo de los Santos, "que no tuvo una política de seguridad que los inhibiera, como no la tiene el gobierno federal, porque no la encuentra". Por el contrario, dice, el anterior gobernador fue omiso ante el problema de la inseguridad.

Entre 2005 y 2007, en San Luis Potosí se observó un incremento de "la mayoría de los delitos" por encima de la tasa nacional, según la revisión del Sistema Nacional de Seguridad Pública contenida en el informe del resultado de revisión y fiscalización de la cuenta pública 2007.

San Luis Potosí, con apenas 2.3% de la población del país, registró el 2.7% del total de delitos cometidos a nivel nacional en 2007, dice el documento, que también toma nota de "importantes subejercicios" en casi todos los rubros del convenio de seguridad entre el gobierno del estado y la Secretaría de Seguridad Pública federal, como la capacitación de policías, la adquisición de armamento y patrullas y la ampliación de la capacidad de reclusión penitenciaria.

En 2009, último año de la administración de Marcelo de los Santos, el estado dejó de ejercer 27 millones de pesos en seguridad pública, "mientras los municipios pedían equipo y apoyos", explica el diputado perredista.

Poco o nada ha cambiado con las nuevas administraciones municipales. "Y cómo nos metemos. Ni tenemos con qué", dicen con crudeza los alcaldes de Matehuala y Rioverde, los panistas Francisco Javier Hernández Loera e Hilario Vázquez Solano, quienes muestran a **Proceso** las precarias condiciones en las que deben trabajar sus policías preventivos, aun cuando ambos municipios figuran entre los cinco más importantes del estado.

La policía de Matehuala –el municipio potosino con mayor índice de madres solteras y divorcios– se alberga en las ruinas de lo que fue la base del XXXIV Batallón Militar. Sus 58 policías cubren cada turno para proteger a 120 mil habitantes con sólo 15 armas.

En Rioverde, los preventivos tienen su base en un antiguo taller mecánico rentado. Los 160 elementos se dividen en dos turnos para atender a 95 mil habitantes y una población flotante que puede alcanzar las 150 mil personas, debido a la intensa actividad comercial y el turismo. Hernández Loera dice que apenas se están adquiriendo armas y chalecos, pues durante 40 años no se invirtieron mayores recursos en la corporación.

Funcionarios en la mira

La capital del estado no está exenta de violencia: al menos dos grandes balaceras (en 2007 y a principios de este año) dejaron varios muertos, y los secuestros de dueños de antros son comunes. Pero el blanco más relevante de los sicarios durante el sexenio pasado fueron los mandos policiacos de primer nivel.

En agosto de 2007 fue perseguido y acribillado el coordinador de la Unidad Mixta de Atención al Narcomenudeo (UMAN), Guillermo Amado Camarena, frente a la Privada Dalias.

A principios de septiembre de ese año, el secretario de Seguridad Pública Jaime Flores Escamilla fue asesinado por un comando que lo emboscó en la colonia Valle Dorado.

El gobernador De los Santos fue cuestionado entonces por designar en su lugar al comisario Cesáreo Carvajal Guajardo, señalado como presunto protector de narcos en Morelos, donde había ocupado el mismo cargo.

El 24 de abril de 2008, el subdirector de Averiguaciones Previas de la Procuraduría General de Justicia del Estado, Rual Santamarina Casas, fue secuestrado cerca de su domicilio por hombres con armas largas y chalecos negros blindados. Su cuerpo apareció al día siguiente en la carretera 57, golpeado, amordazado y con un mensaje: "Los tratos se respetan, los inocentes no se inmiscuyen".

En agosto de ese año, cuatro agentes federales que habían sido secuestrados en la capital aparecieron asesinados en Querétaro con el tiro de gracia. Días después, Antonio González Molina, agente de la Dirección de Seguridad del Estado, fue ejecutado por un comando en Matehuala.

Estos crímenes reavivaron las críticas contra Cesáreo Carvajal Guajardo, quien fue comisario del Consejo de Seguridad Pública del estado y antes se desempeñó como secretario de Seguridad Pública en Morelos en la administración del panista Sergio Estrada Cajigal. Allá se le vinculó a la red de protección con que contaba Juan José Esparragoza, *El Azul*.

Las sospechas se extendieron a la Dirección de Seguridad de San Luis Potosí, donde el gobernador colocó como titular a José Eduardo Baca, otro exfuncionario morelense. De los Santos ignoró los numerosos señalamientos contra esos funcionarios.

En agosto de 2008, en diversos puntos de la capital aparecieron narcomantas (otras similares fueron colocadas en Tamaulipas y Nuevo León) según las cuales Carvajal Guajardo y Eduardo Baca, junto con otros funcionarios, brindaban protección a narcotraficantes como *El Chapo* Guzmán, *El Mayo* Zambada, Juan José Esparragoza y Nacho Coronel.

El gobernador defendió a Carvajal Guajardo hasta el fin de su mandato, porque era "un recomendado" del secretario de Seguridad Pública federal, Genaro García Luna. No era el único: Gloria García Luna, hermana del funcionario federal, fue secretaria técnica del Consejo Estatal de Seguridad en 2007. Ella también venía de Morelos, donde fue subjefa de unidad del Cisen y luego estuvo en el Colegio de Seguridad Pública, en el sexenio de Estrada Cajigal. Durante el tiempo que colaboró con De los Santos, Gloria García Luna estuvo a cargo del programa de profesionalización de todo el aparato de seguridad del estado.

Gloria García Luna regresó a Morelos en 2008 como directora de Prevención y Servicios a la Comunidad de la Secretaría de Seguridad, ahora con el gobernador Marco Antonio Adame. En mayo de 2009, su jefe, el secretario de Seguridad Pública de Morelos, Luis Ángel Cabeza de Vaca, fue detenido y acusado de brindar protección a los hermanos Beltrán Leyva.

CAPÍTULO 2

LOS CÁRTELES, INTACTOS

El reparto del mercado

Ricardo Ravelo

A tres años de que el presidente Felipe Calderón inició su guerra contra el crimen organizado, los cárteles de la droga no sólo se apoderan cada vez de más territorios en el país por medio de la violencia y de la protección que les brindan mandos policiacos y militares, sino que se dan el lujo de negociar entre ellos el control del mercado, a sabiendas del gobierno federal.

Los actores de esta disputa son los cárteles de Juárez y de Sinaloa –también conocido como La Federación–; del Golfo y de Tijuana; de *La Familia Michoacana* y de los Amezcua; de los Beltrán Leyva y de Díaz Parada, ninguno de los cuales ha podido ser desarticulado, de acuerdo con información de inteligencia de la agencia antidrogas de Estados

Unidos (DEA). A esos grupos se suman *Los Zetas*, que ahora operan por su cuenta, y el cártel del Milenio, de los hermanos Valencia.

Pese a la cruzada en su contra, los capos se mueven con libertad y durante al menos los últimos tres años se han encontrado en varias ocasiones para establecer pactos y negociar alianzas, corromper autoridades y hasta para repartirse territorios, como lo hicieron recientemente las cabezas de los cárteles del Golfo y de Sinaloa, considerados no sólo los más poderosos, sino los más antiguos en el tráfico de drogas en México.

Enfrascados en añejas rivalidades que han cobrado altas cuotas de sangre, estas dos organizaciones parecen haber puesto punto final a su historia de enfrentamientos mediante un pacto. Los jefes de uno y otro cártel, Eduardo Costilla, *El Coss*, y Joaquín Guzmán Loera, *El Chapo*, respectivamente, negociaron el control absoluto de las fronteras. Este convenio no incluyó a Ciudad Juárez, azotada por una violencia avasallante.

Las negociaciones para terminar la guerra entre ambos cárteles comenzaron en agosto de 2007. En las semanas previas le enviaron un mensaje a Felipe Calderón: "La paz social del país sólo depende de nosotros, no de su gobierno", decía una manta colocada en el poblado de China, Nuevo León, en los límites de Tamaulipas.

El primer acercamiento entre *El Coss* y *El Chapo* terminó en fracaso y desató una violencia que no tiene registro en la historia reciente: matanzas, decapitaciones, secuestros, levantones... Prácticas que se volvieron cotidianas si bien alrededor de 35 mil efectivos del Ejército mexicano y un número similar de agentes federales fueron desplegados en operativos en Culiacán, Tijuana, Monterrey, Ciudad Juárez, Morelia y Acapulco, entre otras ciudades.

Peor aún: nuevas rencillas, sumadas a los antiguos enconos, provocaron el rompimiento de *Los Zetas* con el cártel del Golfo, y abrieron nuevos frentes de batalla.

Información obtenida en la Subprocuraduría de Investigación Especializada en Delincuencia Organizada (SIEDO) permitió conocer que Juan José Esparragoza Moreno, *El Azul*, fue el principal impulsor, por parte del cártel de Sinaloa, de ese primer pacto que resultó fallido.

Considerado un buen estratega, hábil para conciliar intereses de grupos antagónicos, Esparragoza había formado parte del cártel de Juárez cuando el jefe de esta agrupación delictiva era Amado Carrillo Fuentes, *El Señor de los Cielos*. A la muerte de Carrillo en 1997, *El Azul* se sumó al cártel de Sinaloa y operaba junto con *El Chapo* Guzmán, Ismael Zambada García, *El Mayo* e Ignacio *Nacho* Coronel. El respaldo de este grupo le permitió afincarse en el estado de Morelos durante el gobierno del panista Sergio Estrada Cajigal (2000-2006), cuya gestión se vio empañada por la sospecha de que brindaba protección a narcotraficantes.

En los encuentros referidos, el cártel del Golfo fue representado por Eduardo Costilla, *El Coss* –uno de los hombres más cercanos a Osiel Cárdenas, exjefe de ese grupo criminal–, y por el exmilitar Heriberto Lazcano Lazcano, *El Lazca*, jefe de *Los Zetas*, que desde un principio era reacio a un acuerdo con el cártel de Sinaloa.

El último cónclave entre grandes capos del narcotráfico se realizó a finales de los ochenta, cuando Miguel Ángel Félix Gallardo repartió los territorios que perdió tras su captura en abril de 1989.

El gobierno sabía

En diciembre de 2007 el periódico estadunidense *The Dallas Morning News* publicó una nota, basada en datos de la DEA, sobre el pacto entre los cárteles del Golfo y de Sinaloa. La información también daba cuenta de que el gobierno mexicano estaba al tanto de las negociaciones.

Los jefes de ambos grupos criminales se encontraron por lo menos en siete ocasiones, entre mayo y junio de

2007, y lograron concretar dos acuerdos básicos: frenar la violencia entre las dos organizaciones y delimitar el nuevo mapa del narcotráfico con la asignación de territorios para uno y otro bando.

Estos encuentros fueron confirmados por un alto funcionario de la Procuraduría General de la República (PGR), que en aquel momento pidió mantener su nombre en reserva. Se llamaba José Luis Santiago Vasconcelos y era titular de la SIEDO.

Vasconcelos declaró entonces que el gobierno de Felipe Calderón tenía conocimiento de esas reuniones, mientras que la DEA –cuyos agentes realizan investigaciones en el territorio nacional– dio como un hecho las negociaciones entre cárteles (**Proceso** 1600).

De acuerdo con datos de inteligencia consultados e información proporcionada por abogados del cártel del Golfo, así como por personas que conocieron los detalles de esa narcocumbre, el pacto parecía haberse logrado.

El eje del acuerdo entre ambas organizaciones criminales fue: “No invadir los territorios ajenos sin dar aviso a sus altos mandos y sin pagar el respectivo derecho de piso”. Quienes violaran las nuevas reglas serían entregados al grupo agraviado y éste decidiría qué hacer con esas personas: entregarlas a las autoridades o ejecutarlas.

Según esta versión de las primeras negociaciones, *El Mayo* Zambada, representante del cártel de Sinaloa, y *El Lazca*, jefe de *Los Zetas*, reconocieron que sus operadores solían penetrar territorios con el apoyo de sus contactos, como lo son, por ejemplo, policías de la plaza.

Otra fuente consultada en la PGR comentó que *El Lazca* dijo: “A mí me tienen que avisar que andan aquí (en el corredor Nuevo León-Tamaulipas); de lo contrario, los elimino”.

Al final, los capos ratificaron una regla inviolable en el mundo del narcotráfico: “Por lo menos avisar quién o quiénes van a cruzar droga, qué droga están moviendo y la cantidad”.

Pese a todo, las matanzas continuaron en los territorios controlados por los cárteles del Golfo y de Sinaloa. La disputa se centró en el estado de Michoacán –tierra natal de Felipe Calderón–, considerado una importante zona de abastecimiento para el trasiego de droga por el Pacífico mexicano.

La violencia se recrudeció en Guerrero, el dominio de la célula criminal que encabezaba Arturo Beltrán Leyva, *El Barbas*, quien murió acribillado el 16 de diciembre en su lujoso departamento de Cuernavaca, Morelos, durante un enfrentamiento con elementos de la Armada. También menudearon los choques en Veracruz, Tabasco, Sinaloa, Nuevo León, Sonora, Baja California y Coahuila, entre otras entidades.

Fracturas

La violencia desatada en todo el país confirmó que ninguno de los dos grupos cumplió con los acuerdos. El pacto entre los cárteles de Sinaloa y del Golfo había fracasado, según confirmaron la Procuraduría General de la República (PGR) y la Secretaría de Seguridad Pública (SSP) federal en una conferencia de prensa a finales de octubre de 2007.

Desde un principio en abierto desacuerdo con las negociaciones, *Los Zetas* –desertores del Ejército encargados de la protección de Osiel Cárdenas y sicarios– decidieron separarse del cártel del Golfo y operar en forma independiente.

Desprendimientos tanto del cártel del Golfo como de *Los Zetas* dieron forma a un nuevo grupo criminal no menos violento: *La Familia Michoacana*, que en sólo tres años han logrado dominar 15 estados, entre éstos Jalisco, Guerrero, Guanajuato, Estado de México, parte del Distrito Federal, Veracruz, Tabasco, Campeche.

La Familia se ha valido de la violencia y de los vínculos que establece con altos mandos de los gobiernos estatales, según el informe de la SSP *Radiografía de los cárteles en México*, fechado en noviembre de 2007. Por ejemplo, en el Estado de México cooptó al delegado de la PGR, José Manzur Ocaña, y llegó a penetrar la Secretaría General de Gobierno, según la averiguación previa PGR/SIEDO/UEIDCS/280/08.

Uno de los principales operadores de las negociaciones entre los cárteles de Sinaloa y del Golfo fue Édgar Valdez Villarreal, *La Barbie*, quien habría traicionado a su jefe Arturo Beltrán Leyva para unirse a *El Chapo* Guzmán. En la averiguación previa PGR/SIEDO/UEIDCS/147/2007 se afirma que Beltrán "significaba un obstáculo para que cuajaran las negociaciones".

Rotos los acuerdos de 2007, y en medio de un cada vez más violento enfrentamiento, los cárteles del Golfo y de Sinaloa no cejaron en sus intentos por cerrar un pacto definitivo que, según datos de inteligencia de la DEA, se concretó tiempo después, aunque sin la participación de *Los Zetas*.

Después de la primera ronda de negociaciones de junio de 2007, *El Lazca* convocó a *Los Zetas* a una concentración en un campo deportivo de Matamoros, mes y medio después. La orden fue clara: "Que todos los treinta y cinco y sus jefes se concentren, es urgente", decía el mensaje difundido de voz en voz (**Proceso** 1619).

Transmitida en clave a través de radios de comunicación, la orden llegó a todos los integrantes del grupo armado, quienes viajaron a Matamoros. Un desertor de *Los Zetas*, presente en la reunión, comentó a este semanario que los cárteles del Golfo y de Sinaloa ya se habían arreglado y que estaban "trabajando juntos", pero había un problema, según dijo: que *Los Zetas* no le tenían confianza a la gente de *El Chapo*.

La fuente contó a **Proceso** que *El Lazca* habló ante unos 500 integrantes de *Los Zetas*. Les dijo que *El Coss* ya había aceptado el pacto con *El Chapo* Guzmán, y anunció que, por esa razón, "nosotros nos retiraremos de esas negociaciones".

Frágil equilibrio

El rompimiento de *Los Zetas* no habría logrado impedir que los cárteles del Golfo y de Sinaloa continuaran las negociaciones para poner fin a varias décadas de conflictos, guerras y matanzas entre ambas organizaciones criminales.

Esta información fue confirmada por la DEA. Con base en su trabajo de inteligencia, esta agencia da como un hecho que en febrero pasado los cárteles del Golfo y de Sinaloa alcanzaron finalmente un acuerdo sólido, después de casi tres años de negociaciones, tropiezos, choques y rencillas.

De ser así, el mapa del narcotráfico se modifica en todo el país.

Tanto la DEA como fuentes de la SIEDO coinciden en un dato: la fractura entre el cártel del Golfo y *Los Zetas* es definitiva. Ahora éstos operan por su cuenta, aunque perdieron buena parte de su territorio en Tamaulipas, sobre todo la zona que se conoce como La Frontera Chica, en los municipios de Camargo (en Guardados de Abajo) y Miguel Alemán, entre otros. Matamoros es un territorio vedado para ellos, pues ahí está el centro de operaciones del cártel del Golfo.

Los Zetas se establecieron en Nuevo León y Coahuila, donde disputan el control de la plaza con el cártel de Juárez, encabezado por Vicente Carrillo Fuentes, *El Viceroy*. También controlan Tabasco, Campeche, Veracruz y Puebla, donde paradójicamente se realizaron buena parte de las negociaciones entre los cárteles de Sinaloa y del Golfo, según la averiguación previa PGR/SIEDO/UEIDCS/082/2009.

Para la DEA existe una nueva asociación de conveniencia entre los principales narcotraficantes mexicanos: los cárteles del Golfo y de Sinaloa serán los amos y señores de las fronteras y manejarán el narcotráfico a gran escala; el resto de los grupos criminales que operan en el centro, sur, oriente y occidente del país tendrán que negociar con ellos.

El acuerdo entre los cárteles del Golfo y de Sinaloa se apega a una máxima del mundo del narcotráfico: "El que domina la frontera, controla el negocio".

Ambos grupos controlan prácticamente toda la frontera norte del país, excepto Ciudad Juárez y Tijuana. En el sur, la zona de Chiapas, por donde ingresan cuantiosos cargamentos de droga procedentes de Guatemala, es muy codiciada, pues se conecta vía terrestre y aérea con Tabasco, Veracruz y Tamaulipas. Esta ruta para el trasiego de estupefacientes ya es compartida por *El Chapo* y *El Coss*.

Las dos fronteras aún en disputa son Tijuana y Ciudad Juárez, pero la violencia por la guerra de los cárteles se ha extendido hasta Coahuila y Durango, donde se pelean lo que desde hace varias décadas se conoce como El Triángulo Dorado del Narcotráfico.

En cualquier caso, el narcopacto derivó en una serie de reacomodos.

Un primer bloque lo integran *La Familia Michoacana* y el cártel del Milenio (representado en Michoacán por los hermanos Valencia), que se alinearon con los cárteles del Golfo y de Sinaloa.

La Familia Michoacana estaba representada en Tijuana –territorio de los Arellano Félix– por Teodoro García Simental, *El Teo*, quien fue capturado el pasado 12 de enero en una casa de descanso en La Paz, Baja California Sur.

El trabajo de inteligencia para localizar a este capo, según la SSP, duró cinco meses y su captura, no más de 20 minutos. A *El Teo* se le atribuyen centenares de ejecuciones desde que rompió sus relaciones con Luis Fernando Sánchez Arellano, *El Ingeniero* o *El Alineador*, hijo de Alicia Arellano Félix y considerado jefe de la nueva generación del cártel de Tijuana.

La DEA y la PGR coinciden en que el pacto entre *La Familia Michoacana* y el cártel del Golfo se logró por las negociaciones que realizaron Nazario Moreno González, *El Chayo*, y Eduardo Costilla, *El Coss*. El acuerdo con el cártel de Sinaloa se estableció, según las mismas fuentes, a través de sus principales socios: *El Mayo* Zambada y Nacho Coronel, cuyo feudo se ubica en el estado de Durango.

En el bando contrario, el pacto Sinaloa-Golfo forzó la alianza de capos otrora rivales: Vicente Carrillo, *El Viceroy*, del cártel de Juárez; Héctor Beltrán Leyva, *El H*; Heriberto Lazcano Lazcano, *El Lazca*, de *Los Zetas*, y Fernando Sánchez Arellano, *El Ingeniero*, del cártel de Tijuana.

Fuentes de la DEA y de la SSP estiman que existe un equilibrio precario en la estructura del narcotráfico mexicano. Varios líderes del cártel del Golfo, como Ezequiel Cárdenas Guillén, *El Tony Tormenta* –hermano de Osiel Cárdenas, preso en Estados Unidos desde 2003–, junto con *El Coss*, rivalizan con *El Lazca* y con Miguel Ángel Treviño Morales, *El Z-40*, por el control del narcotráfico en el país.

Entre el cártel del Golfo y *Los Zetas* existen fuertes choques que apuntan a una confrontación de mayor envergadura. El encono creció en enero pasado debido al asesinato de Víctor Peña Mendoza, *El Cóncord 3*, brazo derecho de Treviño Morales. El crimen se atribuyó a Eduardo Costilla, *El Coss*, jefe del cártel del Golfo, quien habría ordenado encargarse de la ejecución a Samuel Flores Borrego, *El Metro 3*, responsable de la plaza de Miguel Alemán, Tamaulipas.

Flores Borrego fue agente judicial en Tamaulipas cuando el gobernador era Tomás Yarrington Ruvalcaba, en cuyo sexenio el cártel del Golfo alcanzó su etapa de esplendor bajo el mando de Osiel Cárdenas.

Se afirma que el asesinato de *El Cóncord 3* provocó que *El Z-40* lanzara un ultimátum a *El Coss*:

"Entrégame al asesino de mi amigo, perro hijo de puta". Y le marcó el plazo: "Tienes hasta el día 25; si no cumples habrá guerra."

Según datos confirmados en la SIEDO, *El Coss* no entregó al asesino de *El Cóncord 3*. Y por su puesto hubo guerra.

Ciudad Juárez: Cada quien su capo

Ricardo Ravelo

Con profundas raíces criminales, complicidades entre delincuentes y políticos cada vez más sólidas y una larga historia de matanzas ligadas al tráfico de drogas, Ciudad Juárez está a tal grado sumida en el desgobierno que dentro y fuera de México ya se le considera un "estado de excepción".

No es todo: el gobierno estatal está fragmentado desde hace varios años, pues algunos grupos trabajan con el cártel local, el de Juárez, y otros con el de Sinaloa, que ha arremetido fuerte por posicionarse en esa plaza.

A raíz de las negociaciones que derivaron en una especie de pacto entre los cárteles del Golfo y de Sinaloa –rivales en el negocio de las drogas–, el mapa criminal se transformó. Ambas organizaciones dominan buena parte de las zonas fronterizas y a través de sus aliados mantienen fuertes controles en el sur, el norte y el centro del país.

En esta nueva configuración del narcotráfico en el país, Ciudad Juárez no formó parte de las negociaciones, pues diversos factores políticos parecen impedirlo. De acuerdo con Edgardo Buscaglia, investigador de la Universidad de Columbia y profesor del Instituto Tecnológico Autónomo de México, el crimen organizado tiene como rehén al gobierno de José Reyes Baeza.

"Ese gobierno –explica Buscaglia– está fragmentado: algunos grupos ligados al gobierno trabajan para el cártel de Juárez y otros para el de Sinaloa, por lo que Ciudad Juárez vive una guerra civil, y lo peor de todo es que en el futuro inmediato todo el país enfrentará las condiciones de violencia y corrupción desenfrenada que vive esa región. El futuro de México es Ciudad Juárez si antes no se toman las medidas para desmantelar las redes de almacenamiento de armas, de distribución de drogas y de producción de mercancías ilícitas que hacen que los cárteles en disputa tengan cada vez más capacidad para matar y para enfrentar al Estado."

Pablo y Amado

Como demarcación ligada al tráfico de drogas y de otras mercancías ilegales, Ciudad Juárez tiene historia: en los años sesenta y setenta la ley era impuesta por un legendario personaje del narcotráfico: Pablo Acosta Villarreal, que fincó su feudo en Ojinaga, Chihuahua. Acosta manejaba el tráfico de mariguana, alcohol y fayuca y más tarde incursionó –ese fue su despunte y su desgracia– en el tráfico de cocaína a gran escala.

En los setenta Ernesto Fonseca Carrillo, *Don Neto* –en ese entonces pieza del cártel de Guadalajara– viajó a Ojinaga con dos acompañantes. Iba a visitar a Pablo Acosta, su compadre, para encargarle a sus sobrinos Amado y Cipriano Carrillo Fuentes.

–Quiero que los ayudes, que trabajen contigo en el rancho y que los cuides, compadre –le dijo Fonseca a Pablo Acosta.

–Estarán en buenas manos, no te preocupes. Serán algo más que mis hijos.

Así, Amado y Cipriano se forjaron al lado de Acosta Villarreal en el tráfico de drogas, aprendieron las artes del delito y pronto comenzaron sus propias carreras. Amado Carrillo, sin duda, fue el más avezado, pues Cipriano murió tiempo después.

Pablo Acosta hizo escuela. Su organización criminal se transformó más tarde en lo que ahora se conoce como el cártel de Juárez y su primer jefe fue el expolicía Rafael Aguilar Guajardo, quien a finales de los setenta era agente de la Dirección Federal de Seguridad (DFS), junto con Amado Carrillo y Manuel Bitar Tafich. Este último era piloto de la DFS en Torreón, Coahuila.

Acosta Villarreal vivió su etapa de esplendor en los setenta y buena parte de los ochenta. Pero en el negocio del narcotráfico el poder no es eterno. Acosta vivió como murió: en medio de las balas. En el libro *El zar de la droga* (editorial Selector, 1991), el periodista estadunidense Terrence E. Poppa publicó la historia de Acosta Villarreal, incluida su etapa de mayor poder, sus negocios, y abordó los detalles de las complicidades que tejió en Chihuahua. También cuenta cómo murió el legendario capo:

"El 24 de abril de 1987, helicópteros de la policía federal mexicana atestados de agentes armados con rifles de asalto sobrevolaron la parte oeste de Texas y perpetraron un ataque sorpresivo al escondite de un traficante de drogas, en un poblado ubicado en la margen mexicana del río Bravo.

"Al tiempo que la escolta del FBI aterrizaba en el lado norteamericano, la policía de México volaba sobre el poblado y abría fuego. Una hora más tarde, Pablo Acosta, quien durante una década había sido uno de los traficantes más temidos del norte de México, yacía muerto.

"Acosta introducía incalculables cantidades de heroína, mariguana y cocaína a los Estados Unidos a través del árido Gran Recodo de Texas. Habiendo sido un campesino mexicano que dormía en el sucio suelo de una casucha antes de que su familia emigrara a los Estados Unidos a la recolección de algodón, empezó a ascender los primeros peldaños del narcotráfico, fue sorprendido con medio kilo de heroína que llevaba fijada con cinta a la axila, purgó una condena de cinco años en Fort Leavenworth y más tarde creó una red que suministraba narcóticos desde California hasta Carolina del Norte."

Después de la muerte de Acosta Villarreal se reacomodó el mapa criminal en Chihuahua y en buena parte del norte del país. Surgió Rafael Aguilar Guajardo como jefe del llamado cártel de Juárez, conformado en su mayoría por policías de la DFS, la policía política del régimen priista. Junto con él formaba parte de esa organización Amado Carrillo Fuentes, quien se afincó un tiempo en la Comarca Lagunera, en particular en la ciudad de Torreón, Coahuila, donde conoció a Manuel Bitar Tafich, quien más tarde se convirtió en su operador financiero y su confidente.

En 1993, cuando visitó Cancún para tomarse un descanso y cerrar algunos negocios, Rafael Aguilar Guajardo fue ejecutado poco antes de abordar una lancha que lo llevaría de paseo por la Riviera Maya y a Cozumel, Quintana Roo.

Tras la muerte de Aguilar, Amado Carrillo, quien recientemente había salido de la cárcel –en 1989 fue detenido por portación de arma prohibida y estuvo tres años en el Reclusorio Sur, de la Ciudad de México–, se convirtió en el jefe máximo del cártel de Juárez. Tan pujante fue su liderazgo que esa organización traficaba cuantiosos cargamentos de droga en aviones Boing 737, los cuales despegaban en cualquier aeropuerto colombiano y aterrizaban en Cancún, feudo del cártel de Juárez, o bien en Ciudad Juárez, donde la droga era posteriormente transportada a Estados Unidos bajo la custodia de la Policía Federal e incluso de altos mandos del Ejército.

Amado Carrillo siempre contó con el cobijo de los militares. Lo confirmó su propio hijo, Vicente Carrillo Leyva

–detenido el año pasado en la Ciudad de México– en una declaración rendida ante la Subprocuraduría de Investigación Especializada en Delincuencia Organizada (SIEDO). En la averiguación previa PGR/SIEDO/UEIDCS/097/2004, Carrillo Leyva cuenta:

"Mi tío Vicente Carrillo Fuentes, *El Viceroy*, controla la plaza de Ciudad Juárez... En cuanto hace a los contactos entre las policías locales, federales y militares, entre los estados que, recuerdo, se desenvolvía la organización estaban Quintana Roo, Sonora, Jalisco, Distrito Federal... En una ocasión, siendo en el año de mil novecientos noventa y seis, llegamos a Cozumel, Quintana Roo, por la época de Semana Santa, mi papá (Amado Carrillo Fuentes) nos dijo que nos adelantáramos al lugar y que ahí nos iban a recibir unos amigos de él y a tono de broma nos dijo que no nos fuéramos a asustar con las personas que nos iban a recoger en el aeropuerto, preguntando que quiénes eran y no nos quiso decir, y que ellos nos iban a encontrar a nosotros, por lo que al llegar a Cozumel en avión privado los militares rodearon el avión y al abrir las puertas nos saludaron muy amablemente, diciéndonos que venían de parte del general Curiel..."

Amado Carrillo Fuentes falleció a mediados de 1997, según la versión oficial, debido a un paro respiratorio provocado por un sedante llamado Dormicum cuando se sometió a una cirugía plástica y liposucción. El cártel de Juárez entró en crisis. El hermano de Amado, Vicente Carrillo Fuentes, no pudo mantener el liderazgo y tiempo después desertaron figuras emblemáticas de la organización, como Ismael *El Mayo* Zambada, Juan José Esparragoza Moreno *El Azul* (hábil negociador y sigiloso para moverse en el mundo del narco) e Ignacio Nacho Coronel.

La organización mantuvo el control en su cuna, Ciudad Juárez, y amplió sus tentáculos a Durango y a la Comarca Lagunera. Después de enero de 2001, cuando Joaquín *El Chapo* Guzmán recobró su libertad mediante su fuga del penal de Puente Grande, Jalisco, el cártel de Juárez se vio amenazado por la violencia que el cártel de Sinaloa desató en las plazas dominadas por Vicente Carrillo Fuentes.

En una reunión que se realizó en Monterrey, a la que asistieron *El Azul*, *El Mayo* Zambada y los hermanos Beltrán Leyva cuando estaban aliados, *El Chapo* Guzmán dijo que pretendía acabar con la hegemonía de los hermanos Carrillo Fuentes, eliminar a los Arellano Félix y declararle la guerra a *Los Zetas*.

Pero la ruptura con el cártel de Juárez desató la violencia en Chihuahua, que actualmente es comparable con los grandes estallidos que vivió la ciudad de Medellín, Colombia, durante la guerra entre los cárteles de Cali y de Medellín, y el gobierno colombiano.

Política y terrorismo

La imparable violencia que vive Ciudad Juárez tiene su origen en la expansión de los cárteles y en la corrupción gubernamental, que se hizo evidente durante el gobierno del priista Patricio Martínez.

En ese sexenio, la SIEDO investigó a decenas de policías estatales y al entonces procurador del estado, Jesús Solís Silva, *El Chito*, por sus presuntos vínculos con el cártel de Juárez.

Cuando la SIEDO, entonces a cargo de José Luis Santiago Vasconcelos, comenzó la investigación, el procurador chihuahuense era una de las piezas más importantes que explicaban, según se dijo entonces, la impunidad que disfrutaba la organización de Carrillo Fuentes.

En Chihuahua, la narcopolítica pronto alcanzó niveles de escándalo, sobre todo cuando el gobernador Patricio Martínez se exhibió públicamente con Óscar Arreola Márquez en la colocación de la primera piedra para construir un rastro TIF con frigorífico. A los hermanos Arreola se les relacionó con el narcotráfico y el lavado de dinero; posteriormente fueron extraditados a Estados Unidos.

El cártel de Juárez se afianzó en Chihuahua bajo el cobijo gubernamental, pero esto dio paso a la guerra que hoy vive esa ciudad fronteriza, pues el cártel de Sinaloa está peleando a sangre y fuego el control de esa plaza.

El costo ha sido alto: miles de muertes que no se investigan y siguen impunes, secuestros, levantones, matanzas que se multiplican. El nivel de violencia en Ciudad Juárez bordea ya un fenómeno que hundió a Colombia en una severa crisis: el narcoterrorismo, cuyo rostro se ha asomado una y otra vez en esta ciudad con el incendio de restaurantes a donde presuntamente llegaba a comer *El Chapo* Guzmán.

Según el investigador Edgardo Buscaglia, el gobierno estatal está rebasado por la violencia, pues incluso el propio José Reyes Baeza ha sido amenazado de muerte, a pesar de que las calles están en manos del Ejército, que sustituyó a las corporaciones policiacas. El problema estriba –continúa el investigador– en que el gobierno estatal está fragmentado: una parte del poder político estatal sirve al cártel de Juárez y otra al de Sinaloa, lo que ha provocado "una guerra civil".

–¿El gobierno del estado está secuestrado por el narcotráfico?

–Es claro. Varios pedazos del estado están en manos del crimen organizado. Los dos cárteles en disputa tienen infraestructura operativa, empresas que les proveen de almacenamiento para guardar armas y seguir matando; transporte, distribución de mercancías ilegales... y a esto se suma la industria farmacéutica, que aporta los insumos para que se elaboren las drogas sintéticas.

"Lo más grave –concluye– es que el futuro de México es Ciudad Juárez. Así como se vive en esa ciudad fronteriza en breve se vivirá en todo el país. Los indicadores no mienten: México se precipita a un estado de ingobernabilidad mayor y pronto veremos en las calles un fenómeno que nos sacudirá a todos: el narcoterrorismo."

CAPÍTULO 3

MÁS ALLÁ DE LAS BALAS

La generación del miedo

Arturo Rodríguez García

MONTERREY, NUEVO LEÓN.- Primero fue un disparo aislado que casi se perdió en el bullicio. Luego, el estruendo de dos granadas de fragmentación desató el caos en el antro. Momentos después los agresores dispararon sus armas contra la muchedumbre.

Todo era conmoción en el Punto Vivo Bar a las 2:40 de la mañana de aquel 15 de mayo de 2006. Mientras cuatro sicarios acribillaban a un centenar de personas, muchos adolescentes, otros hombres armados cubrían la salida por la puerta trasera de Daniel Zamora Dimas, *El Danny Boy*, identificado por la Procuraduría General de la República (PGR) como uno de los cabecillas de la *Mexican Mafia*, *La Eme*, legendaria pandilla chicana de California, aliada al cártel de Sinaloa, dedicada a la distribución de droga y sicariato en casi toda la frontera estadunidense con México.

Aun herido, *El Danny Boy* logró escapar del tiroteo. Los atacantes se dieron a la fuga. En el antro quedaron cuatro cadáveres, entre los cuerpos de 25 personas heridas de tanta gravedad que debieron practicarles mutilaciones quirúrgicas y algunos conservan hoy esquirlas adheridas a sus huesos.

El jefe del comando de *Los Zetas* que intentaba matar a *El Danny Boy* era Rosalío Reta, un sicario entrenado personalmente por Miguel Treviño Morales, *El Mike* o *El 40*, uno de los mandos de esa organización criminal.

Reta prefería las pistolas, confiado en su buena puntería. Por eso no usaron armas largas en el ataque al Punto Vivo Bar. Cuando en septiembre de 2006 logró ubicar finalmente a *El Danny Boy*, descargó 40 balazos en su cabeza.

Rosalío fue detenido en Monterrey y extraditado a una corte de Texas. A sus 16 años ya tenía tres de experiencia como asesino. Su cuerpo es un catálogo del horror: sus párpados tienen ojos tatuados de manera que parecen abiertos cuando duerme; tiene en la nuca un código de barras; un demonio y dos calaveras en un brazo. Pasará los próximos 50 años en prisión.

Su cómplice, Gabriel Cardona, también está preso en Estados Unidos, y usa el mismo tatuaje en los párpados. Con ellos cayó Jessie Hernández, pero murió ejecutado en su celda. Los tres eran menores de edad.

El caso del ataque al Punto Vivo Bar y sus jóvenes sicarios fue apenas el principio de una etapa en la que el número de jóvenes muertos en hechos violentos se disparó, sobre todo a partir de que el presidente Felipe Calderón declaró la guerra al crimen organizado.

Investigadores, activistas y políticos coinciden en señalar que el enfoque de esa guerra es erróneo, ha incrementado la violencia en todo el país, donde la mayoría de los caídos son jóvenes.

Lo mismo civiles ajenos a la guerra que policías o soldados; preparatorianos o sicarios y *puchadores*; obreros o trabajadoras sexuales; empresarios, comerciantes o pandilleros.

En el antro o la escuela, en el barrio o el centro comercial, haciendo ejercicio o festejando un campeonato, los jóvenes se han convertido en la carne de cañón de una estrategia gubernamental que, a decir de Mauricio Fernández Garza, el alcalde panista de San Pedro Garza García, Nuevo León, ha fracasado precisamente por la alarmante muerte de jóvenes.

El olvido de los pobres

El cuerpo de Fernando Martí, localizado el 1 de agosto de 2008, conmovió a todo el país y exhibió la incompetencia de las autoridades. En medio de una gran cobertura mediática, el caso mostró la brutalidad de las bandas de secuestradores.

Dos semanas después, el 16 de agosto, una matanza de jóvenes en la Sierra Tarahumara apenas fue mencionada por la prensa que, por si fuera poco, difundió versiones equívocas. Entre otras, el noticiero de Televisa lo presentó como un pleito de indígenas. Pero fue un crimen a mansalva.

Los primos Fernando Córdova Galdeán y Daniel Armendáriz Galdeán, ambos de 19 años, se detuvieron en el salón ejidal de Productos Forestales de la Tarahumara, en Creel, Chihuahua, para participar en una improvisada competencia de amigos: correr descalzos al estilo de los indígenas.

Ahí estaban René Lozano González, Óscar Felipe Lozano Lozano, Juan Carlos Loya Molina, Daniel Alejandro Parra Mendoza y Cristian Loya Ortiz, todos estudiantes de preparatoria o licenciatura. Tenían entre 17 y 22 años.

Los menores Luis Javier Montañez Carrasco y Alberto Villalobos Chávez estaban ahí como espectadores, junto con los adultos Alfredo Caro Mendoza, Horacio Aguirre Orpinel y el profesor Édgar Loya Ochoa, que llevaba en brazos a su hijo de un año y cuatro meses.

Una camioneta Suburban roja, otra blanca y una Tahoe negra se aproximaron abriendo fuego. Los sicarios bajaron de los vehículos y los remataron. El bebé lloraba al lado del cadáver de su padre. Uno de los asesinos regresó para dispararle en el rostro con su cuerno de chivo.

Para la religiosa Consuelo Morales Elizondo, coordinadora de Ciudadanos en Apoyo a los Derechos Humanos (CADHAC), este crimen demuestra que en México los pobres no tienen voz. El caso de Fernando Martí refleja la violencia, dice, pero la indiferencia en la matanza de Creel agrega la impunidad.

"Ocurre todos los días en los lugares más recónditos del país, pero a las autoridades no les importa. En todas partes la violencia de criminales y cuerpos de seguridad afecta a los jóvenes, que mientras más pobres pasan más inadvertidos. A fin de cuentas son ciudadanos de segunda para Felipe Calderón, que hasta presume como un éxito su política de seguridad", señala.

Nashiely Ramírez, coordinadora de Ririki, organismo integrante de la Red por los Derechos de la Infancia en México (Redim), afirma que la exposición de niños y jóvenes a la violencia es producto de una lógica fallida del Estado en su política de seguridad.

"Los civiles pagan caro por estar en el lugar y momento equivocados, mientras el presidente llama a la participación ciudadana. Eso es aberrante porque no es nuestra guerra ni de nuestros jóvenes y niños", reclama.

Expuestos al horror

La violencia del narco contra los jóvenes alcanza ya niveles de brutalidad por todo el país. Los crímenes contra ese sector de la población no hacen distinción: casi todos permanecen en el olvido.

Si acaso, el homicidio de 15 jóvenes en Ciudad Juárez, Chihuahua, el pasado 31 de enero, recibió una cobertura mediática inusual y concentró la atención de los gobiernos. Pero poco o nada se dice de los asesinatos que se han reproducido a lo largo del país en lo que va de 2010.

La muerte de Jonatan Tadeo Rivera, Tamara Jauna Silva y Osvaldo Ojeda Guardado, todos de 17 años y estudiantes del Colegio de Bachilleres de La Mesa, en Tijuana, el 6 de enero, pasó casi inadvertido. Los jóvenes fueron acribillados con rifles Galil, en la colonia Jardines de La Mesa. Todos vestían el uniforme escolar.

Con minutos de diferencia del ataque de Ciudad Juárez, el mismo 31 de enero, en Torreón, una balacera en el bar Ferrie cobró la vida de Daniel Hernández Reza, Blanca Adilene González Díaz, Irving Nelson Viesca Salas (los tres de 20 años), Andrés García Salazar (23), Sergio Fernando Rodríguez de la Rosa (21), Fernando Sandoval Heredia (19), Claudia Teresa Valderrama (25), Marco Antonio López Sifuentes (30) y Gabriel Antonio de Lara Talamantes (21). En el lugar quedaron 20 heridos, varios de ellos menores de edad.

Hasta los espacios públicos se han convertido en vertederos del horror: el 16 de febrero, cinco cuerpos decapitados y sus correspondientes cabezas fueron hallados junto a una escuela primaria de Sinaloa.

En Tampico, Tamaulipas, el 23 de febrero, cuatro cadáveres fueron abandonados en una casa de esa ciudad. Las víctimas tenían entre 16 y 22 años.

Ciudad Juárez es el ejemplo del abandono, con una estrategia militar y policiaca que no da resultados, no ataca la corrupción ni la complicidad, en tanto abandona políticas sociales y de atención a la juventud, dice Nashiely Ramírez.

Luego del asesinato de los jóvenes en Ciudad Juárez, la Redim condenó los hechos y expresó su preocupación: "La estrategia de combate al crimen organizado, a la fecha, ha generado más violencia sin resultado alguno y sin garantizar la seguridad de los juarenses, y en especial de las niñas, niños, adolescentes y jóvenes".

Lo mismo ocurre en el país, dice.

"Todo es inmediatista. En Ciudad Juárez, por ejemplo, de nada sirve que hagan 15 espacios públicos si la gente no puede salir a ninguna parte, con el Ejército de un lado y los criminales del otro", advierte.

Según la activista, "las generaciones nini" (ni estudias ni trabajas), chavos que no tienen un entorno de protección ni opciones para contener la entrada de la delincuencia, son objeto de cooptación del crimen, incluso por la fuerza.

De acuerdo con reportes de organismos integrantes de la Redim, el fenómeno no distingue zonas urbanas o rurales. Por ejemplo, en Guerrero, estado de expulsión migratoria, se sabe que cientos de jóvenes son levantados para trabajar en el cultivo de droga, mientras sus familias creen que se fueron a trabajar a Estados Unidos, dice.

Desde la matanza de jóvenes en Ciudad Juárez, el presidente Felipe Calderón ha llamado a la sociedad civil a participar en "su guerra". Además, actores sociales y religiosos señalan que el deterioro de los núcleos familiares es un factor trascendente del problema de la violencia en México.

Nashiely Ramírez discrepa:

"El proceso de ingreso al crimen organizado es complejo, no puede ser entendido con culpas sobre desintegración familiar, porque es evadir la responsabilidad del Estado. Sabemos quiénes son los malos, y son los narcos. Son los que los matan. Pero a ellos no se les reclama porque están al margen de la ley, quien tiene que asegurar la seguridad es el Estado, no los narcos. Y una de esas responsabilidades es la económica, pues en la falta de oportunidades, los niños y jóvenes son objeto de cooptación."

Juventud criminalizada

En Nuevo León, CADHAC ha protestado contra los programas de "blindaje" gubernamental por considerar que con ellos se criminaliza a los jóvenes.

Apenas iniciada la guerra, en marzo de 2007, los operativos en barrios de la zona metropolitana se radicalizaron. Como jenízaros, los militares acompañaban en aparatosas redadas a policías estatales y municipales. En una noche se detenía hasta mil 200 jóvenes, pero sólo se lograba consignar a tres o cuatro por delitos menores del fuero común.

Precisamente en Monterrey, Felipe Calderón anunció un programa nacional antidoping en secundarias, en un contexto local que, desde el gobierno del estado, preconizaba el combate a las pandillas por "estar infiltradas" por el narcotráfico.

La religiosa y activista Consuelo Morales insiste en que al perseguir a los jóvenes, sobre todo a los de escasos recursos, el Estado deja de atacar las verdaderas fuentes del problema, mientras que al aplicar antidoping estigmatiza a niños y adolescentes que, lejos de ser delincuentes, son víctimas de un problema de salud.

Hasta el alcalde panista de San Pedro Garza García, Mauricio Fernández Garza, a pesar de su talante bravero y su discurso de mano dura, coincide en que la estrategia fallida del gobierno federal obedece a que el problema se ve como un asunto de seguridad y no como una crisis de salud.

Nashiely Ramírez recuerda que la matanza de jóvenes en Ciudad Juárez fue atribuida por funcionarios públicos –incluyendo al presidente Felipe Calderón– a un pleito de pandillas. La PGR aprovechó para difundir que en esa ciudad existen 25 pandillas de alta peligrosidad.

Algo semejante ocurrió con los tres jóvenes del Cobach asesinados en Tijuana: la Procuraduría de Justicia estatal de inmediato filtró informes sobre la supuesta filiación de esos jóvenes a una pandilla denominada *Los Jr*, con presencia incluso en California.

Nashiely Ramírez dice que el problema es que el Estado asume que la respuesta es criminalizar a quien debió ser sujeto de protección.

"Lo que estamos viendo es a jóvenes que tienen que sobrevivir, a los que les esperan años terribles por haber crecido en una lógica de miedo, ligados a lo ilícito y frente a un discurso político exacerbado entre buenos y malos. Viven la desesperanza."

En los talleres que Ririki ha hecho en Ciudad Juárez, la mayoría de niños menores de cinco años tenían ya algún referente sobre armas de fuego: parientes baleados, vecinos, padres de amigos. Ahora, la vida de esos menores está marcada por un miedo paralizante.

La Redim lanzó en octubre de 2009 la campaña *Desarma la Violencia*, que pretende incidir en las políticas públicas que posibilitan el armamentismo como un asunto natural en la vida de niños y jóvenes.

Las cifras de mortalidad con uso de armas no son claras o son inexistentes en México, a diferencia de otros países. Sin embargo, la investigadora y activista Aurora Cuevas Trejo logró una aproximación:

Se calcula que en uno de cada 10 accidentes mortales, las armas de fuego están involucradas; también lo están en tres de cada 10 suicidios y en seis de cada 10 homicidios.

De acuerdo con datos proporcionados por el secretario de Salud, José Ángel Córdova Villalobos, 59% de los adolescentes de 10 a 19 años reportan haber recibido alguna agresión. De ellos, 7% fue herido por arma de fuego y 8% con arma blanca.

La SEP señala que en el ciclo escolar 2008-2009, de 5 mil 300 alumnos de nivel bachillerato, 41% observó a compañeros llevar armas al entorno escolar, lo cual cuestiona la efectividad del programa *Mochila Segura*, que únicamente sirve para criminalizar a los jóvenes, sostiene Cuevas.

Nashiely Ramírez considera que, lejos de contribuir a erradicar la exposición a la violencia, el gobierno mexicano la fomenta, como el pasado 19 de febrero, Día del Soldado, cuando la Secretaría de la Defensa Nacional programó visitas guiadas a niños de primaria, induciéndoles a posar con armas de alto poder.

Ramírez advierte que en México, donde el gobierno dice estar en guerra, no se asume una estrategia de Estado para proteger a niños y adolescentes que, como en los conflictos bélicos, son cooptados por los grupos armados. A ellos se les debe categorizar como víctimas, para ellos deben establecerse programas de contención psicológica y grupos de apoyo, de acuerdo con los tratados internacionales. Pero, como en todos los demás aspectos de la guerra de Calderón, no hay medidas de protección.

Explosión contracultural

Arturo Rodríguez García

MONTERREY, NUEVO LEÓN.- Producto de la guerra contra el narcotráfico emprendida por el gobierno calderonista, en barrios y parques de la zona metropolitana de Monterrey surge el grito de jóvenes, quienes congregados en tribus urbanas han empezado a denunciar, a través de la música, el grafiti e incluso la protesta pública, los excesos cometidos por los cuerpos de seguridad en esa "cruzada".

Las expresiones *underground* se han generalizado tanto que hasta los narcotraficantes –sobre todo los más jóvenes– empiezan a cambiar los tradicionales corridos por mezclas a ritmo de hip-hop.

En Matamoros, Tamaulipas, la banda Big Los organiza un festival anual que se realiza en noviembre. La agrupación tiene rolas que hablan de la vida de los narcos. Una de ellas inicia con el corrido "Escolta suicida", del extinto Beto Quintanilla, y luego viene la mezcla:

De Matamoros, Tamaulipas, a Nuevo León /Soy Míster Transas, me la rifo, soy chingón /Traigo la fusca en la bolsa del pantalón, tres cargadores, mariguanos y pelón /Soy Big Los, pendejos, el Míster Transas / Diamantes en mi hocico y la pinche panza /De cocodrilo o avestruz la pinche chancla / Tengo una vieja y es modelo de la Fanta /Carros, dinero y las viejas nos encantan.

Y sigue:

Soy residente texano, domicilio en el valle, puras transas pesadas / Con dinero no falles, te roban tu vida, junto con tu familia /¿Crees que soy novato?, chinga conmigo y te mato /Y si ya ando emputado hasta carnitas te hago.

Las letras aluden a la conexión Matamoros-Monterrey, enfrentamientos con el Ejército y a una evocación presente en la cultura popular: "El que no transa no avanza".

El fenómeno se reproduce por toda la frontera y exalta las figuras de narcos famosos. Por ejemplo, el grupo Cano y Blunt dedica rolas al *Metro* 3, jefe de plaza en Reynosa, a *El* 90 y a *El Comandante Poli*.

En Monterrey, ciudad famosa por su vanguardia musical conocida como Avanzada Regia", se encuentra el mercado Fundadores, construido para reubicar el ambulantaje comercial del centro. El inmueble luce abandonado. Las cortinas metálicas permanecen cerradas con candado, y en sus pasillos desolados la basura se acumula.

Sin embargo, en el sótano bulle un mundo que pasa inadvertido para quienes transitan por las calles 5 de Mayo, Juárez y Colegio Civil, una zona de comercio informal y ambulantaje. Mientras que en la superficie se escuchan acordes de reggaetón y vallenato, en el subsuelo se dan cita los movimientos *underground* citadinos.

Abundan las salas de piercing y tatuaje, así como estéticas para punketos, darketos, skatos o raperos. También puede encontrarse ropa estampada con logotipos ilegibles y discos de bandas extranjeras desconocidas en el circuito comercial.

En uno de los pasillos, junto a locales que venden compactos de música metalera y de hip hop, se encuentra una imagen, de tamaño natural, de la Santa Muerte.

En el laberinto que forman los corredores es frecuente encontrar a integrantes de bandas famosas de la región, como Genitallika, Plastilina Mosh, La Verbena Popular o El Cártel de Santa. Aunque en el ámbito comercial estos grupos cuentan con reconocimiento, se encuentran un poco desfasados en el mundo *underground*.

–¿Qué me puedes recomendar de la escena local? –pregunta el reportero a uno de los locatarios, que luce numerosos piercings en la cara.

–Estos son buenos –dice, al tiempo que le muestra varios compactos.

Se trata de Altavozenvozalta, un trío de hip-hop que mezcla las letras casi habladas con ejecuciones espectaculares, por ejemplo, de guitarra flamenca, a cargo de los mismos integrantes.

Sigue la lista: La Siniestra, Sekreto, Serko-Fu, Dillan& Smokey, Soldados del Reino…

Las letras de dos rolas de este último grupo, originario de la colonia Independencia, la más conflictiva e inexpugnable de Monterrey, son ilustrativas del género:

Un soldado en las calles /Barrios bajos, vida loca, ya sabes, llama pobreza /Gente sufriendo hambre, peleando contra este pinche sistema cuando al gobierno ya no le interesas /Necesidades del pueblo y carencias mientras seguimos entre la demencia.

Violencia es lo que invade a todo mi pueblo /Sigo de frente enciendo el leño /Olvidando tristes momentos aquí yo me encuentro bien mariguano pensando en aquellos que han muerto /Pues así es esto, ya que no es justo, así es el juego, lleno de lamentos y sufrimientos.

A pesar de la mala rima el ritmo es pegajoso. Las composiciones de esas bandas tienen carga contestataria. Hablan de policías que extorsionan, detienen sin delito, catean sin motivo. Sus temáticas reflejan los aspectos de la vida que más les preocupan: el amor, el desamor, la discriminación y la devastación del medio ambiente, entre otros.

Los grupos que enaltecen la vida de los narcos son minoría. MC Moxy, uno de los dos disc jockey de Dillan&Moxy, explica:

"Prefiero hacer letras de otras cosas. La gente está viviendo mucha violencia todos los días. Bastante tiene con eso. La padecemos en la calle como para todavía venir a cantarles sobre lo mismo; pero aun así, hay personas a las que les gustan esos temas y, claro, no falta quien los cante."

"Sé político, no grafitero"

En estanterías de los puestos de hip-hop del mercado Fundadores se venden camisetas con las siguientes leyendas: "Sé político, sé narco, pero no seas grafitero"; "Sé corrupto, sé diputado, pero no seas grafitero".

Esas prendas empezaron a circular a finales de mayo, luego de que 13 adolescentes fueron enviados a prisión por participar en lo que las autoridades y los medios locales denominaron "ataque grafitero".

El domingo 17 de mayo de 2009 un grupo de más de 300 grafiteros, organizados por medio de Fotolog y otros sitios de internet, cubrieron con sus dibujos las paredes de ambos lados de Avenida Constitución. La pinta se extendió más de un kilómetro.

Fueron detenidos por la policía y algunos tuvieron que pagar más de 20 mil pesos de fianza para recuperar su libertad. Los que no pudieron reunir esa suma permanecieron presos y podrían alcanzar penas de hasta 10 años de cárcel.

Los hechos dieron lugar a un debate en el Congreso local donde se planteó la posibilidad de aumentar las sanciones a quienes pintaran grafitis. A partir de entonces empezaron a circular las camisetas.

En algunos sectores de la población existe inconformidad por la manera en que las autoridades han reprimido las manifestaciones no sólo de tipo político, sino hasta de corte cultural. A continuación se enumeran algunas:

El pasado 20 de septiembre, en la Explanada de los Héroes, agentes antimotines dispersaron una marcha de protesta. No se necesitó del uso de la fuerza. La sola presencia de los policías, en formación y golpeando con los toletes el escudo, bastó para intimidar a quienes exigían la liberación de "los presos políticos de Nueva Castilla".

"A nosotros nos repliegan pero no actúan contra los narcos cuando ponen sus mantas", dicen dos de los anarquistas que se solidarizaron con el movimiento de Nueva Castilla. Varios de sus integrantes fueron encarcelados cuando intentaban hacer efectivo un amparo para recuperar sus tierras. El gobierno los acusó de "despojo de inmueble" y los encarceló durante ocho meses, a pesar de que contaban con un amparo.

Es 2 de octubre. Marcha un contingente de hombres y mujeres con largas cabelleras y túnicas negras; también hay cabezas rapadas, ornamentas metálicas incrustadas en los rostros ojerosos. Caminan como una pequeña nación dividida en tribus, pero unida por la rebeldía, la exclusión y, quizás, alguna otra causa.

"2 de octubre no se olvida", rezan sus mantas. No sólo la frase hecha para ser repetida en cada conmemoración de la masacre juvenil sirve a la manifestación de rencores contra la clase dominante.

Un grupo de policías antimotines aparece de la nada y detiene a seis jóvenes del contingente. La marcha es diezmada y los muchachos pasan un día y medio en galeras. El cargo: cristalazo a una zapatería. Ahí queda, como falta administrativa, porque nadie presentó cargos. Tampoco nadie vio el cristalazo. Ni la zapatería.

El 4 de octubre, en la explanada del Colegio Civil, algunos de los participantes de la marcha disuelta dos días atrás montan una muestra fotográfica, otra vez, del 2 de octubre. A poca distancia pueden apreciarse las estampas en blanco y negro: un grupo de hombres desnudos contra la pared. Más allá, una multitud en la plaza de las Tres Culturas el 2 de octubre de 1968... En unas mantas que se levantan sobre la exposición puede leerse: "2 de octubre no se olvida".

El espacio de 10 metros ocupado por los expositores es rodeado por 50 agentes antimotines. El comandante del grupo, que se niega a dar su nombre, ordena tajante: "Retírense o vamos a proceder, porque no tienen autorización para estar aquí".

Intento de negociación; argumentos que se vuelven súplica: "Es una exposición de fotos", "estamos ejerciendo un derecho, no nos pueden quitar", "no estamos haciendo nada malo". "Retírense o vamos a proceder", repite con voz de un autómata. Minutos después, las fotografías son empacadas, las mantas enrolladas. Sin pronunciar palabra, los expositores emprenden la retirada.

Acciones solidarias

Un grupo de jóvenes, reprimidos por realizar este tipo de protestas en diferentes ocasiones, fundó la Kasa Komunitaria en una casona ubicada en el Barrio Antiguo. Ellos mismos la sostienen y ahí organizan foros y debates sobre problemas sociales.

Por medio de esta organización se canalizan las preocupaciones de diferentes grupos urbanos que, a través de expresiones culturales, marchas y protestas, se solidarizan con colonos y campesinos despojados, sindicalistas, movimientos ambientales, de mujeres e indígenas.

Los actos que realizan empiezan a tener notoriedad, aglutinan cada vez a más personas y sus actividades se difunden básicamente a través de volantes y por internet.

La fusión de tribus sería inexplicable en otro contexto. Por ejemplo, del 18 al 26 de abril realizaron una serie de actividades para celebrar El Día de la Tierra, en las que participaron grupos *underground* de heavy, punk, funk y hip-hop. Más tarde se sumarían grupos de vallenato, que proliferan en los barrios de la zona metropolitana.

"Nos dimos cuenta del problema de los grafiteros y su protesta y empezamos a platicar con ellos. De esas reuniones, concluimos que los más afectados eran los *chúntaros*, porque los operativos de la policía y el Ejército se han ido contra ellos", dice uno de los punketos, que prefiere omitir su nombre pues "se trata de una colectividad".

Según Liliana Galaviz, activista de la Kasa Komunitaria, las manifestaciones culturales o contraculturales son consecuencia del abuso de poder y de la represión sistemática.

La experiencia de trabajo, dice, es parte de un movimiento y del acercamiento con otros movimientos musicales, como el hip-hop, punk, ska, rockabilly, muy distantes entre sí pero unidos por la lucha contra la represión.

El grupo tamaulipeco Gente Loca promueve su rola "Malos elementos", que explica el sentir de los raperos, luego de ser *apañados* por la policía.

Si andas en la calle te paran te revisan /Por la forma de vestir, de hablar, de actuar /Pero no nos vamos a dejar de la pinche autoridad, que estos pinches putos nos quieren aplicar.

La mezcla es buena y su coro, rotundo: *Cómo quieren que pare todo este desmadre si la prepotencia vigila nuestras calles.*

CAPÍTULO 4

EL SABOR DE LA DERROTA

Durango: "Cárteles Unidos..."

Patricia Dávila

DURANGO, DURANGO.- Desde el momento en que *Los Zetas* decidieron disputarle el territorio del estado al cártel de Sinaloa, de *El Chapo* Guzmán, el terror no sólo cunde en la entidad debido a los frecuentes hallazgos de cuerpos decapitados o desmembrados, sino porque han sido ejecutados alrededor de 100 policías y cuatro alcaldes en funciones, además de que los 39 presidentes municipales duranguenses han sido objeto de amenazas.

Cifras extraoficiales estiman que a la fecha no menos de 200 *zetas* realizan ejecuciones, secuestros, levantones e imponen a las autoridades cobros de "derecho de piso" y "cuotas de seguridad", aprovechando el control que ya tienen de los municipios colindantes con Zacatecas y Coahuila.

La disputa a muerte que libran el cártel de Sinaloa y *Los Zetas* ha empezado a complicarse no sólo porque lograron infiltrar a los gobiernos federal, estatal y municipal, sino porque recientemente ingresó a la región *La Línea*, grupo de narcotraficantes que ha conquistado tres ayuntamientos en los límites con Chihuahua.

Antes de la llegada de *Los Zetas*, el poder de *El Chapo* –que controla la producción de mariguana en la Sierra Madre Occidental de los estados de Chihuahua, Durango y Sinaloa– era de tal magnitud que, justamente en un municipio duranguense, el de Canelas, Joaquín Guzmán Loera contrajo matrimonio con Emma Coronel Aispuro, en una ceremonia a la que fue invitado el entonces alcalde Francisco Cárdenas.

No puede, sin embargo, comprenderse lo que hoy ocurre si no se revisan los antecedentes del narcotráfico en la entidad, que se remontan a finales de los ochenta y principios de los noventa.

Uno de los sucesos más destacados de aquella época se produjo cuando publicaciones estadunidenses le atribuyeron al lagunero Carlos Herrera Araluce ligas con el narcotráfico, a raíz de que, en 1992, agentes federales decomisaron en Lerdo, Durango, el rancho San Rafael, propiedad del capo Rafael Aguilar Guajardo, que colindaba con una de Herrera (**Proceso** 833).

Una década más tarde, el 12 de septiembre de 2002, se incautó una casa habitada por los suegros de Ernesto Herrera –hijo de Carlos Herrera Araluce–, donde presuntamente se escondían sicarios al servicio de Vicente Carrillo Fuentes, hermano de *El Señor de los Cielos*.

En ese cateo participaron 20 elementos de la Policía Federal Preventiva y cuatro agentes del Ministerio Público Federal, quienes aseguraron la propiedad ubicada en la colonia Las Rosas, la zona residencial más importante de Gómez Palacio.

Cinco años más tarde, el 19 de febrero de 2007, la Procuraduría General de la República (PGR) dio a conocer el arraigo de Hugo Armando Reséndiz Martínez, subdelegado de la Procuraduría de Justicia de Durango en el municipio de Gómez Palacio, por su presunta relación con los homicidios de dos pilotos, un agente de la Agencia Federal de Investigación (AFI), un empresario de Nuevo León y el dirigente perredista Jaime Meraz Martínez –también fundador de la Central Campesina, Urbana, Demócrata y Popular (Ccudepo) en Gómez Palacio–, junto con la esposa de éste y su chofer, el 14 de enero.

Reséndiz Martínez fue acusado de facilitar información contenida en averiguaciones previas e indagatorias al narcotraficante Sergio Villarreal, quien tras la detención de Arturo Hernández González, *El Chaky*, en abril de 2003, en el municipio de Lerdo, sucedió a éste en el control del narcotráfico en la entidad, según informes de la Subprocuraduría de Investigación Especializada en Delincuencia Organizada (SIEDO).

Durante el gobierno del priista Maximiliano Silerio Esparza, el dirigente perredista Jaime Meraz Martínez recibió el apoyo incondicional del mandatario de Durango para crear una red de 200 taxis que llegó a convertirse en la mayor central de transporte en Gómez Palacio. A su vez, el gobernador Silerio Esparza utilizó a Meraz Martínez para desarticular a grupos que se le oponían inclusive dentro del PRI, como la CTM local, cuyo dirigente, Jesús Ibarra Rayas, representaba la fuerza del exgobernador José Ramírez Gamero.

Con el apoyo del siguiente mandatario de Durango, Ángel Sergio Guerrero Mier, Meraz Martínez incorporó a su hijo Carlos como agente ministerial en Gómez Palacio, donde éste laboró tres años. Ahí se relacionó con el narcomenudeo e involucró en esta actividad a la mayoría de los taxistas de la Ccudepo, al grado de que se convirtieron en la red de distribución de drogas más eficiente de La Laguna (**Proceso** 1583).

El 23 de marzo de 2007, horas antes de que el presidente Felipe Calderón llegara a la ciudad de Torreón, Coahuila, para asistir a la boda del entonces líder panista de la Cámara de Diputados, Jorge Zermeño, elementos de la AFI recibieron un "pitazo": en un paraje de Lerdo, Durango, estaban enterrados cuatro ejecutados.

Según la PGR, se trataba de dos pilotos, un empresario de Monterrey y un agente de la AFI que tenían más de un año desaparecidos. Un mensaje advertía: "Párenle". Con la muerte de esas cuatro personas se ligó al empresario Carlos Herrera Araluce.

Ante la irrupción del Ejército y de la Policía Federal en la zona, los alcaldes Rosario Castro Lozano, de Lerdo, y Octaviano Rendón Arce, de Gómez Palacio –quienes han sido vinculados con narcotraficantes–, se quejaron de que los agentes de la PGR "no informaban de los operativos en nuestros municipios".

Rendón Arce, actualmente notario, ha estado siempre a la sombra de Carlos Herrera Araluce, quien lo impuso como candidato en la elección interna del PRI de 2004 y financió su campaña.

En cuanto a las dos veces alcaldesa de Lerdo, Rosario Castro Lozano, se le acusó de mantener en la Dirección de la Policía Municipal a Isaías Castillo Luna, quien tenía una relación pública con *El Chaky*.

Incluso fuentes del gobierno duranguense la acusaban de ser protectora de Sergio Villarreal, *El Grande*, sucesor de *El Chaky*. Puntualizaban que durante un operativo que encabezó en Lerdo el comandante de la XI Región Militar, Roberto Miranda, para detener a Villarreal –quien posee dos ranchos en ese municipio–, la alcaldesa Castro Lozano le pidió no entrar.

Antes de que Felipe Calderón asistiera a la boda de Zermeño, ya había realizado una visita a Torreón, el 24 de agosto de 2006, para el bautizo de la hija de Guillermo Anaya Llamas, otro panista que fue alcalde de esa ciudad y protegido de Zermeño. Entre los invitados se encontraba *El Grande*.

La ley de *Los Zetas*

Desde hace cinco años –cuando *Los Zetas* entraron a la zona, impusieron el cobro por "derecho de piso" y empezaron a realizar secuestros de empresarios–, el cártel de Sinaloa emprendió una disputa por el dominio de los municipios de Gómez Palacio, Lerdo, Cuencamé y Nazas.

Aunque en ese tiempo *El Chapo* Guzmán continuaba ejerciendo el control del resto del estado, en abril de 2009 empezó a menguar su poder, en lo cual influyeron tres factores: su separación de los hermanos Beltrán Leyva, el cambio de mando en la X Zona Militar de Durango y la entrada de *Los Zetas* al estado de Zacatecas.

Como aliados de *El Chapo* Guzmán, los hermanos Beltrán Leyva tenían conocimiento y dominio pleno de las rutas empleadas por el cártel de Sinaloa para el trasiego de la droga en el estado de Durango, así como de la red de distribuidores locales. Cuando ellos rompieron con *El Chapo* y se aliaron al cártel de Juárez, pusieron en manos de Vicente Carrillo el mapa del mercado de la droga en la entidad.

Por otro lado, la llegada del general José de Jesús Espitia al mando de la X Zona Militar coincidió con la entrada de *Los Zetas* a la capital del estado, a raíz de la presencia que tenían en los municipios de Gualterio y Sombrerete, Zacatecas.

Los Zetas invadieron entonces los municipios de Súchil, Vicente Guerrero, Nombre de Dios, Guadalupe Victoria y Villa Unión. En este último, la madrugada del 11 de mayo de 2009 ametrallaron la comandancia de la Agencia Estatal de Investigación (AEI), dependiente de la Procuraduría de Justicia del Estado, matando a un comandante y a seis agentes. Después de ese atentado, todos los elementos municipales renunciaron.

Dos días antes, en las inmediaciones de la carretera Vicente Guerrero-Nombre de Dios, sicarios del cártel de Sinaloa y de *Los Zetas* se habían enfrentado a balazos. En esa confrontación –debida a que el cártel de Sinaloa trataba de impedir el ingreso de *Los Zetas* a la capital del estado– murieron 14 hombres.

A partir de entonces, en la ciudad de Durango impera el terror. Mensajes como "Cuiden a sus hijos. Rodarán cabezas. Ríos de sangre van a correr", con la firma de *Los Ze-*

tas, han ocasionado que muchas escuelas se queden sin alumnos, que haya numerosas tierras sin campesinos y que buena parte de los bares y discos carezcan de clientes, en lo que pareciera ser un estado de sitio.

Aquel 9 de mayo, en un puente peatonal de la principal avenida del centro de la capital, así como en la Plaza de Armas, aparecieron mantas atribuidas al cártel de Sinaloa que reprochaban al gobernador de Durango haber permitido la irrupción de *Los Zetas*.

A la fecha, esta organización mantiene un refugio en Chalchihuites, Jiménez del Teul, y sus dominios abarcan las carreteras de Vicente Guerrero-Villa Unión y Guadalupe Victoria-Ramón Corona, municipio de Cuencamé.

Además de que Ramón Corona colinda con Miguel Auza y Miguel Aldama, Zacatecas, *Los Zetas* también incursionan en Durango mediante caminos localizados en González Ortega y Sombrerete, Zacatecas, desde donde dirigen los secuestros que perpetran en la entidad duranguense.

En agosto de 2009 secuestraron al padre del cardiólogo Francisco Cardoza Nevárez. Cuando los plagiarios hicieron el primer contacto con sus familiares les exigieron 1 millón 800 mil pesos y les indicaron que debían dirigirse a Fresnillo y luego a González Ortega. En el trayecto fueron interceptados y se hizo el pago, pero el señor no fue liberado.

En una segunda llamada, les requirieron 3 millones de pesos, los hicieron tomar la carretera a Guadalupe Victoria y, de ahí, dirigirse a Ramón Corona, comunidad que colinda con municipios que *Los Zetas* emplean igualmente como refugios: Miguel Auza y Juan Aldama. Esta vez, el padre del cardiólogo quedó en libertad.

En febrero de este año, elementos de la AEI recibieron el "pitazo" de que a un lado de Ramón Corona, cerca de un balneario de agua sulfurosa conocido como Ojo Caliente, vivía un grupo de 50 *zetas*. En el operativo murieron 12 de ellos y los demás huyeron. Una semana después, varios elementos de la AEI, entonces destacados en Las Nieves,

Durango, fueron levantados, decapitados y abandonados en el municipio de Cuencamé, cerca de Coahuila.

Los Zetas también han logrado penetrar en algunas regiones de Durango cercanas a Chihuahua: Santiago Papasquiaro, parte de Tepehuanes, Canatlán, San Juan del Río, Pánuco de Coronado y Peñón Blanco.

De acuerdo con un diagnóstico que el presidente del Comité Directivo Estatal del PAN, Juan Carlos Gutiérrez Fragoso, realizó sobre el narcotráfico en la entidad, aquí la actividad del crimen organizado se ha diversificado: "Nos mantenemos como un estado productor potencial de mariguana y amapola y seguimos siendo una de las principales rutas para el trasiego, pero lo que es sumamente grave es que nos convertimos en una entidad consumidora".

Según su informe, la entrada de *Los Zetas* a esta región fue evidente a mitad de 2008, cuando empezaron a producirse ejecuciones de personas que aparecían decapitadas o con las manos y los pies cercenados.

Algunas cabezas se dejaban envueltas en bolsas de plástico o acomodadas en hileras: "Claramente estaban retando a la autoridad –agrega el diagnóstico–, porque las depositaban fuera de la Policía Municipal, en las inmediaciones de la Procuraduría de Justicia del Estado o frente a la PGR".

Y advierte: "Estamos frente a una estructura de poder paralela al Estado, que cobra impuestos por 'seguridad', asalta y secuestra. Por si fuera poco, estamos en una guerra en la que los cárteles vulneraron nuestras instituciones de seguridad. Penetraron a las policías municipales, estatales y federales. Hay cerca de 100 policías asesinados en cumplimiento de su deber o porque incumplieron un acuerdo".

Desde julio de 2007 –fecha en la que entró en funciones el actual procurador, Daniel García Leal–, los cárteles han atacado las comandancias de las policías en los municipios de Vicente Guerrero, Gómez Palacio, Lerdo, Villa Unión, Canatlán, Cuencamé, Santiago Papasquiaro, San Bernardo y El Mezquital.

"La lista de agentes caídos" señala que en la entidad han sido ejecutados 39 agentes estatales de investigación, dependientes de la Policía Judicial del Estado. De éstos, 18 "cayeron" en la ciudad de Durango y seis en Cuencamé; mientras que en Donato Guerra, Guanaceví y Villa Unión fallecieron tres en cada zona; en El Mezquital y Gómez Palacio, dos en cada uno y, en Santa María del Oro y Canatlán, uno por región. Además, han muerto tres agentes del Ministerio Público y se desconoce el paradero de otros seis.

Eso no es todo. De acuerdo con el procurador, los 39 alcaldes de Durango han sido amenazados por el narco: les exigen una cuota a cambio de no levantar, secuestrar, ejecutar ni cobrar derecho de piso a sus habitantes. Según García Leal, "ninguno ha aceptado".

Asimismo, en la entidad han sido ejecutados dos exalcaldes: David Avitia Torres, de Santiago Papasquiaro, y Juan Marcelino Martínez Freyre, de San Juan del Río.

Uno de los personajes que sobrevivieron a los atentados fue el exalcalde de Canelas, Francisco Cárdenas Gamboa, quien fue anfitrión de la boda de *El Chapo* Guzmán, en tanto que el presidente municipal de San Bernardo, José Carmen Torres Romero, solicitó licencia el pasado 22 de enero luego de que uno de sus hijos fue levantado, y emigró a Estado Unidos con toda su familia.

Igualmente, cuatro presidentes municipales en funciones han sido ejecutados: el 4 de junio de 2008 desaparecieron el alcalde de Topia, Manuel de Jesús Angulo Torres, y su hermano Tobías; el 5 de febrero de 2009 fue levantado el presidente municipal de Otáez, Claudio Reyes Núñez; el 1 de junio del mismo año, un comando ejecutó a Claudio Ramírez López, alcalde de Ocampo, y el 22 de febrero de 2010, otro asesinó al presidente municipal de El Mezquital, Manuel Estrada Escalante, quien desde la infancia fue amigo del gobernador Ismael Hernández Deras.

Habitantes de El Mezquital aseguran que en este municipio existe un campamento de 150 *zetas*, en los límites con Zacatecas. Señalan que el atentado es un claro mensaje de *Los Zetas* al gobernador, pues además de que el alcalde ejecutado era su amigo, El Mezquital es la tierra natal de Hernández Deras y en este lugar aún viven sus padres.

Aunque el arzobispo de Durango, Héctor González, insistió en denunciar desde abril de 2009 que en el municipio de Guanaceví –colindante con Sinaloa– vivía *El Chapo* Guzmán, el Ejército tardó cuatro meses en dar con una pista, cuando militares a las órdenes del general Melo García encontraron en Tamazula –un municipio colindante–, el 7 de agosto de 2009, el narcolaboratorio más grande de México, propiedad del cártel de Sinaloa.

Era la llamada Ciudad Cristal, que constaba de 22 módulos asentados en un terreno de 240 hectáreas. Tenía laboratorios, una cascada artificial, una aeropista, plantas de luz, sistemas de drenaje y agua potable, un área habitacional para 120 empleados, 10 antenas de Sky, 18 vehículos, retroexcavadoras y cuatrimotos. Extrañamente, en el operativo no hubo ningún detenido. De acuerdo con información del Ejército, en Ciudad Cristal vivían *El Chapo* Guzmán, Ismael *El Mayo* Zambada e Ignacio Coronel.

Mientras tanto, en su lucha por el control de la plaza, el cártel de Sinaloa se fusionó con el del Golfo y con *La Familia Michoacana* para integrar lo que denominan Cárteles Unidos contra *Los Zetas*.

El pasado 8 de marzo, desde Nuevo León, Jalisco, Tamaulipas y Durango, lanzaron un ultimátum al presidente Felipe Calderón:

"Con todo el respeto que se merece, le pedimos nos permita ayudarle a terminar con el cáncer del país. El veneno se combate con el mismo veneno; después de que acabemos con ellos, continúe con su trabajo."

Torreón: Abandono y terror

Arturo Rodríguez García

TORREÓN, COAHUILA.- A cinco años de que se desató la oleada de violencia en la zona urbana, los grupos delictivos siguen luchando por dominarla y sus ataques se desbordaron: ya no solamente combaten entre ellos y contra las corporaciones policiacas o el Ejército, sino que se ensañan contra la población en acciones ya calificadas de terroristas.

La violencia, la impunidad y el abandono de esta ciudad por parte de las fuerzas federales contradicen el discurso bélico del presidente Felipe Calderón, que en los primeros días de febrero volcó los recursos y la atención en las tragedias de Ciudad Juárez, mientras que ni siquiera envió condolencias por hechos semejantes ocurridos en Torreón.

Las policías locales se han convertido en el semillero del crimen. Sus patrullas se utilizan para cobrar piso, proteger acciones del hampa e incluso para enfrentar a las fuerzas federales. Además, en los operativos conjuntos de estas corporaciones con militares, sus vehículos no llegan hasta las zonas de fuego, como ocurrió varias veces en la colonia La Durangueña en enero pasado.

Enclave de sicarios y pandilleros armados, La Durangueña es infranqueable por estar entre cerros y cañones de acceso imposible. Pero la violencia no se concentra ahí ni en la periferia de la ciudad, sino que también abarca las exclusivas zonas residenciales de La Rosita, Jardín, Los Azulejos y El Fresno. Se cuela hasta el centro, muy cerca de los edificios públicos, y en el sector del Mercado Alianza, enclave de la economía informal.

En la zona metropolitana, con cerca de un millón y medio de habitantes, los territorios de la delincuencia traspasan los límites de municipios y estados. La geografía tiene un papel fundamental: Torreón es paso obligado para ir a la frontera, al Pacífico, al Golfo de México o al centro del país. Hay vigilancia pero nadie está seguro. Como en un penal.

La Secretaría de Seguridad Pública federal informó que el pasado 5 de febrero, tras una serie de persecuciones y tiroteos, fue detenido Eduardo Ortiz Fernández en un enfrentamiento de efectivos de la corporación con un grupo de *Los Zetas*. Tres horas después de ingresar en el penal de Torreón, Ortiz Fernández fue apuñalado y murió. La noticia sólo se dio a conocer en el prestigiado sitio electrónico de noticias *Aquí, Laguna*.

Los otros medios de comunicación apenas rozan la realidad de esta zona donde, al fin territorio narco, predomina el silencio, especialmente después de que el reportero Eliseo Barrón, de esta ciudad, fue asesinado en Gómez Palacio, Durango, el 26 de mayo de 2009. Cubría la fuente policiaca para el diario *La Opinión-Milenio* y para el canal de televisión local del Grupo Multimedios.

Un día después del asesinato de Barrón, afuera de las instalaciones de varios medios de comunicación locales aparecieron mantas en las que se amenazaba: "Ya estamos aquí, periodistas, pregúntenle a Eliseo Barrón. *El Chapo* y cártel del Poniente no perdonan; cuídense, soldados y periodistas, atentamente *El Chapo* y el cártel del Poniente", decía una.

La ausencia de información sobre lo ocurrido en el bar Ferrie se exhibió cuando, a través de correos cadena, los habitantes de esta ciudad hicieron circular las imágenes publicadas por *ProcesoFoto*. Y fue a través del popular portal de videos YouTube como se dio a conocer el comunicado en el que un grupo autodenominado México Unido Contra *Los Zetas* se atribuyó el ataque al bar Ferrie:

"Se les advierte que serán eliminados y barridos con acciones como las realizadas este fin de semana en conocidos antros y cantinas de Torreón, todos estos propiedad de los pinches *zetas*, eso sólo fue una advertencia, la guerra está declarada, y no vamos a parar hasta sacarlos de la Comarca Lagunera o eliminarlos a todos", amenazó el grupo, el cual además presume de su pertenencia al cártel que "siempre ha estado" en La laguna.

Jesús Torres Fraire, coordinador del Centro de Derechos Humanos Juan Gerardi, afirma que a los medios de comunicación ya no les llama la atención la violencia que asola esta zona. Pone como ejemplo el tiroteo del primer día de febrero entre agentes federales y pistoleros, cuya cobertura fue escasa en los medios nacionales:

"Las televisoras nos envolvieron con el caso (del futbolista Salvador) Cabañas. Lo del Ferrie fue una masacre mayor que la del Bar-Bar: jovencitos que estaban en un bar y murieron. Al día siguiente, el enfrentamiento que hubo entre militares con el crimen organizado fue impresionante. Pero busqué en portales y medios de comunicación, y era como si nunca hubiera pasado."

En otro hecho que impactó a la población, el lunes 1 de febrero, alrededor de las 6 de la tarde, policías federales y presuntos *zetas* se enfrentaron a tiros en el área limítrofe de Torreón y Gómez Palacio. La persecución condujo a los dos bandos al centro comercial Galerías Laguna, que a esa hora estaba lleno de gente. La balacera siguió ahí durante unos 10 minutos. Murieron ocho sicarios y resultaron heridos cuatro agentes federales.

Un video grabado con un teléfono celular desde la ventana del hotel Fiesta Inn y que se subió a YouTube mostró casi cinco minutos de la balacera en Galerías Laguna. Al final se aprecia un cuerpo y a varias personas que intentan protegerse de la refriega. Otros videos mostraron escenas del pánico en el centro comercial.

Como en otras ciudades del norte del país, en Torreón a veces circulan mensajes para avisar que nadie salga porque *Los Zetas*, los de Sinaloa, *La Línea* o el Ejército van a desatar balaceras. Fue mediante ese tipo de comunicaciones como se anunció, desde enero, el rompimiento de *Los Zetas* con el cártel del Golfo.

Todos los ojos en Juárez...

Hace un año, en febrero de 2009, grupos de pistoleros rivales recorrieron en volantas mortales diversos barrios de Coahuila y Durango a plena luz del día; se detenían con especial interés en antros y velorios. En pocas horas mataron al menos a 16 personas.

Como si se tratara de la misma noticia, pero reciclada, la madrugada del 31 de enero un ataque armado al bar Ferrie dejó 10 muertos y, según reportes periodísticos, unas 40 personas lesionadas, entre ellas varios menores de edad. Pero la masacre fue opacada en los medios por la matanza de 15 estudiantes de Ciudad Juárez en una fiesta, ocurrida con diferencia de apenas unos minutos.

El presidente municipal de Torreón, Eduardo Olmos, describe la gravedad de la situación: "Si el asesinato de personas que no tienen nada que ver con el narcotráfico es terrorismo, lo ocurrido en el Ferrie es evidentemente un acto terrorista".

A decir del titular de Seguridad Pública de esta ciudad, Carlos Bibiano Villa Castillo, una de las líneas de investigación establece que los sicarios recorrieron varios centros nocturnos en busca de dos policías federales. Los encontraron en el Ferrie y al atacarlos encontraron respuesta, con lo que se desató el tiroteo.

La volanta homicida salió del lugar y escapó, pero los tiroteos continuaron en las siguientes 48 horas, con saldo de 16 personas muertas. Para entonces fuentes de la Fiscalía General del Estado (FGE), aseguraban que se esperaba un contingente de sicarios de Sinaloa que, aliados con el cartel del Golfo, intentarían desarticular a *Los Zetas* en Torreón.

Poco o nada dijo la FGE sobre otros aspectos de la investigación, como el hecho de que su exdelegado en la región lagunera y actual director del Grupo Especial Antisecuestros era el dueño del bar Ferrie. Fue la periodista Isabel Arvide quien dio a conocer este importante dato.

"Le preguntamos (al fiscal Jesús Torres Charles) sobre la permanencia de un señor de apellido Centeno. Desde hace un año pedí que lo investigara, porque la información que teníamos de él no era buena. Y no lo quitaron nunca de la fiscalía, donde él tenía un cargo. Él es el dueño del antro en donde sucedió la balacera", dijo Arvide.

Así se inauguró un nuevo capítulo de desencuentro entre los cuerpos de seguridad federales y los locales.

El "modelo Coahuila"

A partir de 2009 se designó a militares retirados al frente de las policías de los municipios con mayor población y en las dependencias estatales de seguridad.

De acuerdo con Isabel Arvide, polémica periodista que funge como enlace entre la Secretaría de la Defensa Nacional y el gobernador coahuilense Humberto Moreira, el propósito de esta medida es mejorar la coordinación de las corporaciones locales con las federales y garantizar la integridad de los mandos policiacos. Según Arvide, artífice del "modelo Coahuila" –que empieza a aplicarse también en Quintana Roo–, la presencia de los 16 generales y 166 oficiales retirados del Ejército en puestos de policía puede romper las redes de complicidad entre policías y delincuentes.

El pasado 1 de enero asumió la jefatura de policía de Torreón el general Carlos Bibiano Villa Castillo, quien las primeras semanas despidió a 80 policías que no aprobaron el examen antidoping ni los controles de confianza.

"Mi general Villa", le dicen sus subordinados. De talante bronco, dista de ser un oficial cualquiera: cuenta con tres títulos de ingeniería y dos maestrías, todos estos grados relacionados con la inteligencia y las telecomunicaciones. Fue jefe de seguridad de Francisco Labastida y de Ernesto Zedillo. Compitió con Ernesto Vela Neri para ser el primer astronauta mexicano. Participó en el mando operativo de los satélites *Morelos I* y *II*, y ocupó cargos en la Secretaría de Seguridad Pública del Distrito Federal y en la PGR.

El general Villa afirma que cuando él llegó toda la policía estaba involucrada en el narcotráfico, asaltos o secuestros.

"Aquí yo no tengo confianza de nadie, ni para tomar agua porque me envenenan... (Los policías) son gente corrupta que nada más estaba esperando a ver a quién se chingaba. Se dice que aquí salían en patrulla y pasando la calle los estaba esperando el narco para recogerla, porque así iban a cobrar lo que tenían que cobrar."

Admite que hay descoordinación: "Yo sólo tengo confianza en el Ejército, en las demás autoridades no. Vienen los de la policía, de la fiscalía, de la federal... pues sí, compañeros y todo eso, pero en las balaceras, a la hora de los chingadazos, no entran".

A mediados de enero se organizó un operativo coordinado para sorprender a un grupo de sicarios en La Duranguеña. Se acordó que por el flanco izquierdo entraría la

Policía Federal, por el derecho la Policía Investigadora del estado y por el centro la municipal. En la retaguardia las apoyaría el Ejército. "Llegamos a La Duranguеña y... ¡ay, cabrón!, no había nadie. Le dimos para adelante y atrás de mí estaba el Ejército. Me sentí salvado", dice Villa.

Según el militar retirado, el cártel de Sinaloa, que también tiene presencia en Durango, le está disputando Torreón a *Los Zetas*, que la dominan hace tiempo. "La solución que estamos proponiendo es que metan a Gómez Palacio una fuerza militar y que el director de Seguridad de allá sea un militar. Eso permitiría mejorar la coordinación", señala.

Villa Castillo encabeza personalmente los operativos coordinados con el Ejército y gestionó armas largas para sus policías; como todo los jefes provenientes del Ejército, usa vehículo blindado y lo escoltan exoficiales de la milicia.

"La primera crisis fue apenas llegué –recuerda–; me mandaron de regalito a dos ministerios públicos federales de Durango, con un letrero que decía que nadie puede estar bien con Dios y con el Diablo. Eso quiere decir que estos elementos estaban involucrados con la delincuencia."

Los cuerpos de Francisco González y Saúl Baltazar fueron abandonados en Torreón la noche del 31 de diciembre. Traían torniquetes hechos con un palo de escoba, a los que les dieron vuelta hasta asfixiarlos.

–¿A usted no se le han arrimado? –se le pregunta cuando sale el tema de la infiltración de los narcos entre los policías.

–El día que algún cabrón se me arrime, lo agarro y lo meto al bote. Si se apendeja, lo mato.

Lo mismo aplica sobre sus medidas de seguridad personal: "Al que se me asome con un arma por la ventanilla, lo rocío a ver cuántos me llevo, porque aquí estamos decididos a todo. Esos cabrones nunca ponen resistencia: pasan, rafaguean y se pelan. El día que encuentren respuesta, no creo que me aguanten unos cinco minutos."

–¿El tema de derechos humanos despierta preocupación por su origen militar?

–Que quede claro: nosotros trabajamos en el marco de la ley. Si debo agarrar a un narco con armas, ni modo que lo suba a besos a la patrulla. Lo voy a subir a chingadazos, y si (esto le) molesta a alguien, que vaya él por ellos.

El general Villa Castillo anuncia que, como parte del reordenamiento de la policía municipal, integrará un grupo especial de 350 policías municipales cuya función será prevenir tiroteos.

El ataque del bar Ferrie ocurrió justo el día que Eduardo Olmos cumplía un mes al frente del ayuntamiento. En entrevista, asegura que uno de los graves problemas de Torreón son los altos niveles de infiltración de la delincuencia organizada.

"Sabemos que los cuerpos policiacos municipales son factor de inseguridad: existen distintos tipos de infiltración, que en el caso de la policía de Torreón está acentuada. Así encontré la ciudad", dice el alcalde Olmos.

Admite: "Nunca tuvimos un acto de la intensidad que se tuvo en los hechos del Ferrie. Esto genera un clima de incredulidad e indignación, una percepción de inseguridad en todos los que vivimos aquí, que sólo podemos revertir con acciones y coordinación, por supuesto, conforme al nivel de competencia".

Pero eso hasta ahora parece imposible. Además de la desatención mediática, la indiferencia del gobierno federal ha motivado a Olmos para denunciar que no se le han enviado los mil soldados que pidió como refuerzo. Según él, le respondieron que "los policías federales están atendiendo zonas más peligrosas".

"Eso –concluye– quiere decir que para ellos (los mandos federales) lo que pasa en Torreón no es tan grave, están minimizando los acontecimientos que se han registrado durante el presente año."

Michoacán:
Los *guerreros celestiales*

Jorge Carrasco Araizaga y
Francisco Castellanos J.

ARTEAGA, MICHOACÁN.- En este municipio del sur de Michoacán el que manda es Servando Gómez Martínez. Los habitantes de esta población de Tierra Caliente lo conocen como *El Profe* por los años que pasó como maestro de la escuela primaria Vicente Guerrero, pero dentro de *La Familia Michoacana* le dicen *La Tuta*, y es a quien atribuyen las bajas más graves que ha sufrido la Policía Federal de Genaro García Luna.

Encargado de una amplia zona de la montaña y la costa de Michoacán que es estratégica para el tráfico de drogas por el Pacífico, *La Tuta*, de 44 años, ejerce su liderazgo regional dentro de una estructura que se ha extendido por el centro del país desde que surgió en noviembre de 2006, en vísperas de que Felipe Calderón asumiera la Presidencia de la República.

Desde sus inicios, *La Familia* desplegó una intensa actividad con el fin de conseguir respaldo político, estrategia que en 2009 condujo a la cárcel a más de 30 alcaldes, jefes policiacos y empleados de gobierno acusados de dar protección a este cártel.

Al igual que otros cárteles que operan en el país, éste tiene respaldo social en las comunidades que le dieron origen, pero, a diferencia de los demás, *La Familia Michoacana* buscó seguidores para adoctrinarlos y crear un ejército de "guerreros celestiales".

Esa tarea está específicamente a cargo de uno de los jefes regionales de la organización, Nazario Moreno González o Víctor Nazario Castrejón Peña, quien, bajo el seudónimo de *El Más Loco*, escribió el libro *Pensamientos*, en el que mezcla nociones de cristianismo y de superación personal, así como regionalismos michoacanos, en especial de Tierra Caliente, los dominios de *La Tuta*.

Editada por el mismo autor, la publicación se reparte entre los guerreros celestiales: informantes, sicarios, extorsionadores y todos aquellos que cumplen funciones operativas.

Entre noviembre de 2006 –cuando el cártel se presentó mediante un desplegado en la prensa del estado– y septiembre de 2007, *Pensamientos* tuvo cuatro ediciones, con un tiraje total de 24 mil 500 ejemplares, aunque ya para 2008 la cifra era de 70 mil, de acuerdo con un ejemplar decomisado en 2010.

"Muchachos: ánimo y nunca le tengan miedo a nada ni a nadie. Al contrario, hay que vencer los obstáculos con valor y decisión, siempre pensando en el éxito porque sólo los perdedores no lo enfrentan. Ánimo, ánimo y sólo para adelante y que Dios siempre esté en nuestra mente y cuerpo", escribe *El Más Loco*, quien también es conocido como *El Chayo*, *El Naza* o *El Dulce*.

Los guerreros celestiales, que dependen de los jefes regionales o de plaza, son adoctrinados en los Albergues Gratitud, que estuvieron a cargo de Rafael Cedeño Hernández, *El Cede*, responsable del "sector social" de la organización hasta que, en abril del 2009, fue detenido por la Policía Federal.

A esos centros llegan personas adictas a las drogas, pertenezcan o no a la organización. Ahí son seleccionados quienes pueden ingresar al grupo y, luego de ser "neoevangelizados", los envían a rancherías de la sierra michoacana para entrenarlos físicamente y adiestrarlos en el manejo de las armas.

Los 28 centros de este tipo que mantiene *La Familia* pueden tener otras funciones, como el ubicado en la colonia Granjas Unidas, de Morelia, al que llegan quienes ya han recibido entrenamiento militar. Ahí, en la etapa previa a su incorporación plena a las operaciones, pasan 24 horas de "retiro espiritual".

Un desertor de la organización que desde 2008 es testigo protegido de la PGR, *Emilio*, en una averiguación previa (AP/PGR/SIEDO/UEIDCS/398/08) refirió que, a mediados de 2007, durante tres meses fue entrenado junto con otros 70 hombres en un rancho de Tuzantla, en Tierra Caliente. Aprendió en el lugar a empaquetar mariguana y recibió adiestramiento para ser escolta, con un salario de 20 mil pesos mensuales.

El entrenamiento lo impartió *El Chirris*, guardaespaldas de uno de los máximos jefes del cártel, Jesús *El Chango* Méndez, cuyo cuerpo de seguridad es conocido como *Los 12 Apóstoles*. Por cierto, también son 12 los tablazos que reciben algunos de los elementos que se gradúan como guerreros celestiales, mientras que otros sólo pueden adquirir su título cometiendo alguna ejecución.

Según informes policiacos, los centros de rehabilitación son igualmente utilizados para castigar a miembros del cártel que incurrieron en traición o en faltas a la disciplina. Una primera medida consiste en someter al castigado, durante tres días, a presión psicológica. En caso de reincidencia, regresa al centro, donde es aislado, vendado de los ojos y amarrado. Después, frente a sus compañeros, es colocado "en posición de Cristo", con los brazos en cruz, para asestarle 12 tablazos diarios durante el mismo número de días.

Quien comete una tercera falta ya no recibe este tipo de castigos, sino que es sometido a un proceso sumario donde, luego de que se refieren sus actos de deslealtad, es condenado a muerte. Se le ordena entonces que rece, y la persona que lo invitó a la organización o alguno de los jefes procede a ejecutarlo a la vista de todos.

Narcopolítica de *La Familia*

Investigaciones policiacas y revelaciones de algunos exintegrantes de *La Familia* que se convirtieron en testigos protegidos de la PGR han permitido conocer varios aspectos de la organización.

En diversas declaraciones ministeriales, donde se asienta que los liderazgos de *La Familia* son ejercidos a nivel nacional, estatal, regional y por ciudad, se cita entre los principales líderes a Jesús Méndez Vargas, *El Chango*, *El Chamula*, *Gordito*, *Papá* o *El Ingeniero*; a Nicandro Barrera Medrano, *El Nica*; a Nazario Moreno, *El Más Loco* o *El Dulce*; y a Dionisio Loya Plancarte, *El Tío* o *El Licenciado*. Enseguida aparece *La Tuta*, *El Feo* o *El Viejo*, como también apodan a Servando Gómez Martínez.

El Tío es señalado como el responsable –en los estados donde opera *La Familia*– de "la cooptación de autoridades de los tres niveles de gobierno (federal, estatal y municipal), con fuertes cantidades de dinero en dólares".

Se le atribuye también establecer coordinación con los diferentes partidos políticos para hacer la selección de candidatos a las alcaldías y prever el nombramiento de algunos colaboradores en las presidencias municipales, sobre todo en el área de seguridad.

De acuerdo con la información disponible, *El Tío* se encarga igualmente de las relaciones públicas, incluidos los contactos con la prensa y los lavadores de dinero.

Uno de los señalados como lavadores de dinero es Roberto Rubí Bustamante, quien fue presidente del Consejo Coordinador Empresarial en el estado y director del Fondo Mixto de Fomento Industrial de Michoacán, puesto en el que lo designó el gobernador Leonel Godoy Rangel.

Según la declaración del testigo protegido *Ricardo* –un expolicía judicial que trabajó para *La Familia* desde que ésta se hacía llamar *La Empresa*–, *El Tío* pagaba a Roberto Rubí cierta cifra por cada negocio que captara para lavar dinero.

"En estos casos los dueños de las negociaciones perdían su negocio y quedaban sólo como administradores a cambio de un sueldo. Y todas las ganancias eran para la organización criminal. Esa actividad (Rubí) la hacía como líder de empresarios... y (como) funcionario" de Godoy, asienta el testimonio.

La PGR dispone de información de negocios que supuestamente operan como lugares de lavado de dinero. En Morelia están El Pool Bar, La Porfiriana, El Ego, El Águila o Sol, San Miguelito, Emilianos, La Taberna, El New York y hoteles de la periferia. En Uruapan, La Escala, mariscos El Chato, El Rincón de Aguililla y Euforias, entre otros.

El testigo, quien colabora con la PGR desde 2006, menciona como uno de los responsables de esas operaciones a Israel Tentori, a quien identifica como operador en Chicago, Estados Unidos, a través de César Vásquez Duarte, *El Tupo* o *El Tuco*. Asegura que Vásquez es dueño del rancho La Romera, en Tepalcatepec, que ha servido para efectuar reuniones del cártel. Como asistente a una de ellas señaló a Antonio Cruz Lucatero, expresidente municipal de Apatzingán y actual diputado local por el PRD.

En Uruapan también aparecen registradas como lavadoras de dinero la empresa de Autotransportes Purépecha, propiedad de *El Nica*, y la casa de cambio Divisas Barrera, que tiene otro local en Morelia. El 25 de febrero, el Departamento del Tesoro de Estados Unidos confirmó que la firma transportista es propiedad de Nicandro Barrera. Su hermano, el experiodista Efraín Barrera Medrano, se incorporó apenas en agosto pasado al gobierno de Godoy como subdirector de Tránsito del estado, y ahora es el director de Seguridad Pública y Tránsito.

Narcocaridad de *La Tuta*

Entre los liderazgos de *La Familia* el más conocido es el de *La Tuta*, quien en su pueblo de las montañas de Arteaga fue profesor de la Escuela Normal luego de haber tenido actividad docente en otra zona de narcotráfico: Petatlán, Guerrero.

Su poderío alcanza Nueva Italia, en el municipio de Múgica, y la costa michoacana, en El Infiernillo y el puerto de Lázaro Cárdenas, en los límites con Guerrero.

La Tuta se ha convertido en uno de los mandos más fuertes de la organización por la importancia estratégica de la zona de narcotráfico que controla y por las bajas que ha causado a la Policía Federal. A él se le achacan el secuestro, la tortura y ejecución de 12 policías federales cuyos cadáveres, semidesnudos, fueron amontonados sobre la autopista Siglo XXI, de Lázaro Cárdenas, en junio de 2009.

Fue una demostración del control que mantiene sobre sus territorios. Hoy, en la avenida Lázaro Cárdenas, la principal calle de Arteaga, el cuartel de la Policía Federal está abandonado.

En Arteaga hay diversas historias sobre la ayuda de *La Tuta* a la población: apoyo para la compra de anteojos, para completar el gasto familiar o para quienes emigran a Estados Unidos, lo que le ha ganado el reconocimiento de que "ayuda a la gente", además de "comprar alcaldes y jefes policiacos".

Como ejemplo de esto último, en mayo de 2009, unas tres decenas de alcaldes y funcionarios michoacanos fueron detenidos bajo la acusación de mantener presuntos vínculos con el crimen organizado. Aunque más de la tercera parte de los detenidos bajo cargos de la PGR han sido liberados, al cierre de esta edición seguían presos, entre otros, los exalcaldes de Arteaga, José Jairo Germán Rivas Páramo, y de Lázaro Cárdenas, Antonio Sánchez Gaytán, a quienes se atribuye haber dado protección al grupo de *La Tuta* a cambio de dinero.

La Tuta no ha salido incólume de su enfrentamiento con el gobierno federal, que lo ha acosado por el lado de sus familiares, al punto de que, en enero pasado, su hijo Luis Felipe Gómez Patiño, *El Pelón*, fue detenido bajo la acusación de participar en la organización.

Por debajo de *La Tuta*, *La Familia* tiene un mando identificado como *El Gallito*, a quien se informa si alguno de los escoltas de los jefes de plaza cayó muerto o fue aprehendido, si murió en un enfrentamiento con policías o militares o si necesita apoyo legal.

Las jefaturas de *La Familia* vienen desde mediados de la década, cuando se hacía llamar *La Empresa* y tenía una alianza con el cártel del Golfo y su entonces brazo armado, *Los Zetas*. Rotos esos pactos, entre 2006 y 2008 *La Familia* se consolidó como el principal grupo de delincuencia organizada en Michoacán, aunque aún disputa con *Los Zetas* la zona de Uruapan, la segunda ciudad más importante del estado. Ahora tiene una alianza con los cárteles de Sinaloa y del Golfo para enfrentar a *Los Zetas*.

El Estado de México, infestado

Las actividades de *La Familia* no se limitan a la producción, transportación, distribución y venta de cocaína, mariguana y drogas sintéticas. Abarcan el tráfico de armas, el secuestro, la extorsión, el control de giros negros y el cobro de derecho de piso a bares, discotecas, talamontes y negocios como lotes de autos usados y de chatarra, entre otros.

El poderío de este cártel se ha extendido a una parte de Guerrero y al centro del país: el Estado de México, Distrito Federal, Querétaro, Guanajuato y Aguascalientes.

Según *Ricardo*, *El Chango* Méndez los designó a él y a Saúl Solís Solís (*El Lince*, *El Viejón* o *El del Sombrero*) encargados del territorio gobernado por Enrique Peña Nieto. Solís fue candidato del Partido Verde a diputado federal por Apatzingán en las elecciones de 2009, y es primo de Enrique Plancarte Solís, otro de los presuntos jefes regionales de la organización.

Ricardo afirma que la encomienda de ellos dos no sólo es la venta de cocaína, ice y mariguana, sino también el cobro de cuotas de protección a propietarios de bares, discotecas, lotes de autos y vendedores de discos piratas, así como la eliminación de los rivales de *La Familia*, en especial los Beltrán Leyva y *Los Zetas*.

Asimismo, refiere que *La Familia* destinó grandes cantidades de recursos para pagar sicarios, vehículos y armas, bajo el acuerdo de que ese dinero se repondría con los secuestros y una mayor venta de drogas. En este plan decidió empezar por Valle de Bravo y "componer" Toluca, de modo que –conforme al testimonio mencionado– ahora tiene presencia en Coacalco, Tultepec, Tultitlán, Cuautitlán, Cuautitlán Izcalli, Tlalnepantla, Naucalpan, Nezahualcóyotl y Chalco.

Otro testigo protegido que trabajó para *La Familia*, *El Chino*, explicó a la PGR, el 9 de junio de 2009, cómo se asentó la organización en el Estado de México. Asegura haber comenzado como informante sobre las tienditas de droga, por lo que recibía un sueldo de 4 mil pesos quincenales, y terminó como uno de los comandantes de la organización en la entidad, a cargo de más de 100 hombres.

Para sus actividades llegó a utilizar unos 120 *cuernos de chivo*, nueve vehículos y tres casas de seguridad: una, ubicada en la calle Lomas de Cataluña, en Lomas de Coacalco: otra, en Eje Ocho y Eje Tres, en Tultitlán, y la última, en Fuentes del Valle.

Según su declaración, *La Familia* cuenta con comandantes y encargados de región. A su vez, cada región opera mediante células especializadas: las que cobran extorsiones o pagos de rescate, las que ejecutan a vendedores de drogas que no quieren trabajar para ellos, las responsables de los levantones y las distribuidoras de estupefacientes. Además, existen grupos de choque que van al frente de los operativos.

Como en cualquier actividad económica *La Familia* hace grandes inversiones en espera de altos rendimientos. Paga alquiler de casas y locales, compra vehículos y sufraga la alimentación de sus miembros cuando forman parte de una operación.

En cada operación, según el testigo, el comandante de la región dispone de alrededor de 1 millón de pesos para esos gastos, pues él se encarga también de los pagos a autoridades. En el caso del Estado de México, precisa, el comandante recibía 1 millón y medio de pesos al mes.

En la nómina de *La Familia* se incluye a personal de inteligencia de la Agencia de Seguridad Estatal (ASE), ubicada en Toluca; a un comandante de apellido Castillo y al coordinador de la ASE en Coacalco.

Según asienta su declaración del 9 de junio de 2009, en el municipio de Melchor Ocampo "el hermano del presidente municipal es quien recibe el dinero para controlar a la policía municipal".

Funciones similares le atribuye –siempre sin dar nombres– a los directores de las áreas de seguridad pública de los municipios de Jaltenco y Tonanitla; al subdirector de una dependencia similar en Zumpango; a un miembro de la policía ministerial del estado, a un comandante de la Unidad Mixta de Atención al Narcomenudeo de Ecatepec y a un exagente de la AFI.

El cártel también se hace cargo del pago de abogados cuando alguno de sus miembros es sometido a proceso penal. De esa manera, se asegura que los acusados no den información a la autoridad.

Pero *La Familia* tiene otros métodos para impedir la filtración de datos, como lo ilustra el caso de José Arnoldo Rueda Medina, *La Minsa*, *El Flaco* o *El Modelo*, quien como hombre de confianza de *El Chayo* estaba a cargo de varias plazas, entre ellas la de Morelia.

Cuando Rueda Medina fue detenido, en julio de 2009, su jefe *El Chayo* tendió una emboscada a los policías que lo trasladaban. Pero según un investigador policial establecido en Morelia, el objetivo de esa embestida era liquidar al propio Rueda Medina, quien, de acuerdo con la misma especie, actualmente es uno de los testigos protegidos de la PGR...

Guanajuato:
El impuesto *zeta*

Verónica Espinosa

SAN FELIPE TORRES MOCHAS, GUANAJUATO.- A sus 25 años Francisco ha cruzado la frontera norte como ilegal por lo menos en tres ocasiones. Sus hermanos radican en Estados Unidos y más de la mitad de sus familiares están diseminados en el este de ese país, pero debe volver a San Felipe porque aquí están sus padres.

La primera vez que salió "de norteño" fue en 2000. Vivió, como casi todos los paisanos, las vicisitudes del camino: el albur de confiar en el pollero para entregarle los mil 800 dólares por pasarlo, la "mordida" de 250 pesos a los agentes de Migración en el autobús de San Luis a la frontera; la suerte echada para encontrar a los contactos que lo llevaron a su destino luego de dos noches de caminar por el monte desde Laredo. Hasta que al fin llegó a Oklahoma, sano y salvo, para reunirse con sus hermanos.

Se quedó allá tres años y regresó a finales de 2003. En marzo del año entrante, cuando pretendió regresar tras sus huellas, había un peligro adicional y tenía que pagar una nueva cuota a cambio de la vida. *Los Zetas* ya controlaban el paso por el Río Bravo. Y había que pagar.

Hasta entonces Francisco no había escuchado de sus tíos, primos, amigos o hermanos –en una tradición migratoria de varias generaciones–referencia alguna a este nuevo riesgo. Las historias se repetían, cambiando nombres y lugares: las cuotas de los polleros y a los agentes migratorios, de ida, y las múltiples mordidas y decomisos que esos mismos agentes mexicanos exigen junto con policías estatales en el camino desde Nuevo Laredo hasta San Felipe. En realidad siempre fue peor, mucho peor, el regreso, porque los esperaba la avaricia corrupta de sus paisanos, empezando en la aduana.

"El camino está lleno de delincuentes, es más difícil regresar. Me han despelucado 80, 100 dólares; a otros les han robado hasta 500 dólares. ¿Cuál 'bienvenido, paisano'?", ironiza.

Pero ahora la vida se juega de otra manera cuando hay que llegar al río Grande –como llaman al Bravo en Estados Unidos– con los lancheros.

"No sé exactamente cuándo comenzaron a cobrar, porque cuando yo me fui la primera vez no pagamos más que los mil 800 dólares del pollero, lo normal. Éramos 30 o 32 en ese grupo. Pero, cuando volví, el coyote nos dijo que tendríamos que pagarles mil 200 pesos a los lancheros para poder pasar, porque ellos trabajan ahora para *Los Zetas*", cuenta Francisco, quien como casi toda su familia trabaja en la industria de la construcción.

Soltero, sin la raigambre que pueden representar la esposa o los hijos, en su segundo viaje se quedó casi cinco años. Volvió el año pasado para ayudar a su padre en la empresa que formó cuando ya no quiso volver a Estados Unidos: ahora les construye casas aquí en San Felipe a los migrantes que se quieren regresar y mandan dinero para tener un techo si finalmente les gana la añoranza.

"Cuando estaba allá no sabía nada del río, pero escuchaba los comentarios de mis primos o de los amigos, de que ya es de cajón pagarles a los lancheros la cuota de *Los Zetas*... Ellos dicen que sólo así los dejan trabajar, o de otro modo no podríamos pasar."

Ahora Francisco sabe que si se vuelve a pasar de "norteño" tendrá que llevar mil 200 pesos más de lo que ordinariamente le costaba el viaje, pues cuando el autobús mexicano llegue al final de su recorrido, en Nuevo Laredo, a él y a sus compañeros los recogerán en camionetas y los llevarán a una casa muy cerca del río Bravo, donde deberá pagarle al lanchero que lo cruce.

"Si nos agarran, pues ya es dinero perdido; y si tenemos que regresar, pues hay que pagar otra vez. De que les tienen que dar a *Los Zetas*, les tienen que dar. También en la frontera, en algunos negocios, sabemos que cobran una cuota, que la gente de los comercios que están en la frontera debe pagarles."

Guanajuato figura entre los cuatro estados que más trabajadores expulsa a Estados Unidos. Las historias que circulan en este nutrido flujo migratorio sobre "los otros *zetas*" consignan que esperan a los migrantes en los montes del lado estadunidense de la frontera para quitarles el dinero o para secuestrarlos y obligarlos a llamar a sus familias a fin de que envíen el rescate.

"A mí nunca me ha tocado, pero sí he escuchado a otros a quienes les ha sucedido –asegura Francisco–. Hay a quienes nada más les quitan el dinero, cuando no llevan mucho encima, y los dejan ahí. Se han portado buena onda. Pero la gente dice que también cometen secuestros."

–¿Y eso no los desanima para seguir cruzando?

–Da un poco de miedo, nada más. Pero no, la verdad es que ya es normal cruzar. Ya no vamos nerviosos porque todos los familiares son "norteños". Ya nada más cuando estamos allá platicamos de lo que nos pasó, pero no nos detiene.

–¿Prefieres estar allá?

–Por una parte sí. Es muy contradictorio. Uno está a gusto aquí porque está la familia, los papás. A lo mejor si mis papás estuvieran allá, no hubiera regresado, pero para trabajar, aquí gano en una semana lo que allá gano en una hora y media. Vive uno mucho más tranquilo, hay posibilidades de comprarse cosas.

El mejor ejemplo: su hermano mayor, aunque ilegal, pudo fundar en Oklahoma su propia empresa como contratista después de 11 años de trabajar para un estadunidense.

"Mi hermano conoce el idioma y las leyes de allá, que sí se respetan, no como aquí, que valen madre. Allá los mexicanos se portan de manera diferente; uno se tiene que acostumbrar a las leyes de Estados Unidos, portarse igual que los americanos, aunque seamos ilegales."

–¿Vale la pena aun con otro riesgo como *Los Zetas*?

– Sí, vale mucho la pena. Pagamos esa cuota, nos evitamos problemas, como que si cruzamos los vayamos a encontrar del otro lado y algo pase. Mil 200 pesos no es nada comparado con la vida de uno, es mejor pagar. Si nos toca suerte, los recuperamos fácilmente con el trabajo allá. Pagamos por seguridad, por nuestra vida.

Tabasco: Venganzas en el trópico

Armando Guzmán

PARAÍSO, TABASCO.- Desde el día en que fueron ejecutados los familiares del marino Melquisedet Angulo Córdova, el 22 de diciembre del año pasado, la violencia se enraizó en este pueblo, al igual que en el resto de Tabasco.

Aquí el miedo se respira, se toca. Nadie quiere hablar del "marino", y la familia sobreviviente de la matanza desapareció del lugar. Nadie sabe a dónde se mudó.

"Yo vivo cerca del lugar, pero no sé nada. No vi nada", rehúye una mujer que despacha gasolina a la entrada del pueblo.

"El poco turismo que había, se cayó. Ya casi nadie viene a las playas de Paraíso; sólo los petroleros que laboran en el puerto Dos Bocas y en plataformas marinas", se queja un restaurantero que omite su nombre por temor.

Las tres casas en las que vivía la familia de Melquisedet, en la colonia Quintín Arauz, están abandonadas. Dos son de concreto con tejas de asbesto y su ubican frente a dos enormes árboles de mango. Una más, de concreto con techo de losa, se quedó en obra negra. Autoridades federales y estatales sacaron a la familia sobreviviente luego de la masacre del 22 de diciembre.

Trabajadores de un taller de herrería ubicado enfrente, cruzando el bulevar Manuel Antonio Romero, escuchan las preguntas pero no contestan sobre el paradero de la familia. "Aquí no sabemos nada; lo único que sabemos es que todos se fueron", responde con molestia el más veterano.

Los vecinos tampoco hablan. "Nadie le dirá nada. Fue un hecho terrible. Queremos olvidar y vivir en paz", dice una joven señora.

"Ese hecho no sólo marcó la vida de la familia del marino; también cambió la vida de todo el pueblo. Paraíso ya no es el mismo desde entonces", comenta el restaurantero.

La tarde de ese 22 de diciembre fue sepultado Melquisedet Angulo Córdova, tercer maestre de la Armada de México, muerto en la balacera del 16 de diciembre en la que cayó acribillado el capo Arturo Beltrán Leyva, en Cuernavaca, Morelos.

Cerca de la medianoche, un grupo de sicarios irrumpió en la casa del marino y asesinó a la señora Irma Córdova Pérez; a Yolidabey y Benito Angulo Córdova y a Josefa Angulo Flores, madre, hermanos y tía de Melquisedet, de 64, 22, 28 y 46 años, respectivamente. Otra hermana, Miraldeyi, de 24 años, quedó herida entre 25 casquillos de R-15, cuatro de calibre .45 y un cartucho de AK-47.

Al día siguiente, la Procuraduría General de Justicia del Estado (PGJE) presentó a Yesenia Hernández Valencia, *La Jimena*; Julio Arturo Acosta Vargas, *El Juniors*; Azael Jesús García Reyes y Julio Acosta Saucedo, *El Compadre*, como presuntos implicados en la matanza.

El procurador Rafael González Lastra informó que *El*

Compadre, originario del norte del país, se encargó de contratar a sicarios del cártel del Golfo. *La Jimena*, *El Juniors* y Azael Jesús García confesaron que eran *halcones* del crimen organizado infiltrados en corporaciones policiacas.

González Lastra dijo que el operativo para asesinar a la familia del marino fue una acción concertada entre *Los Zetas* y policías, pero no identificó de qué corporaciones.

El secretario de Seguridad Pública del Estado, Sergio López Uribe, reportó que desde el inicio del gobierno de Andrés Granier Melo, en enero de 2007, 140 agentes policiacos estatales y municipales han sido cesados y encarcelados por sus presuntos nexos con la delincuencia organizada.

El 31 de julio de 2009, elementos de la SIEDO y del Ejército arrestaron a nueve policías del municipio de Paraíso, entre ellos a Rudy Hernández Jiménez, *El Rudy*, asignado a la seguridad personal del entonces alcalde priista de esa localidad, Francisco Santos Magaña, en cuya casa fue detenido.

Según la PGJE, *El Rudy* informaba al crimen organizado sobre las actividades públicas y privadas del alcalde.

En el citado mes cayeron 32 agentes policiacos de seis de los 17 municipios del estado por presuntos vínculos con el narcotráfico.

"Hay policías que se dejaron corromper. Por eso fueron detenidos y se van a seguir depurando las policías. Es una demanda de la población que pide tranquilidad y seguridad", sostuvo entonces el gobernador Andrés Granier Melo.

"En Tabasco hay muchos policías honestos y muy buenos que han dado su vida, pero igualmente hay policías que fueron comprados por las organizaciones criminales", puntualizó.

La matanza de la familia del marino fue la tercera perpetrada en Tabasco en 2009 contra familiares de policías y militares que habían participado en operativos antinarco.

El 14 de febrero, sicarios ejecutaron en su domicilio al policía estatal Carlos Reyes López y a 11 miembros de su familia, entre ellos siete menores de edad, en la ranchería Monte Largo, del municipio de Macuspana.

En el ataque perdieron la vida, además del agente policiaco, su madre, su esposa, sus hijos y sobrinos, dos de ellos acribillados debajo de la cama, donde se escondieron al iniciarse el tiroteo.

También murió el vendedor de fresas congeladas Juan Manuel Álvarez, quien se encontraba en el lugar cuando se desató la matanza.

El agente Reyes López era policía estatal de élite del Grupo Modelo de combate al secuestro y narcotráfico. Una semana antes había participado en la detención de cuatro presuntos sicarios y en la muerte de otro, en Macuspana, luego de una larga persecución desde Villahermosa.

Cuatro meses después, el 14 de mayo, en la ranchería La Piedra, del municipio de Cunduacán, un grupo armado asesinó en su casa al policía Baldomero García Rodríguez y a siete personas más: su esposa, dos hijos, una hermana, dos hijos de ésta y una vecina.

Familiares sobrevivientes de ambos expolicías también abandonaron sus casas, con apoyo de los gobiernos federal y estatal.

En lo que va de este año suman ya 26 las ejecuciones en Tabasco. Tan sólo en enero hubo siete asesinatos en la zona de La Chontalpa. Entre los muertos hay dos exagentes ministeriales y un militar.

El 19 de enero fue asesinado el expolicía ministerial Neiro Alberto García Silván. Su cuerpo apareció en la ranchería Plátano y Cacao, del municipio de Centro, cabecera de Villahermosa. A su lado se halló el siguiente mensaje: "Esto me pasa por dedo y pensar que me protegen".

El 25 de enero se reportó el secuestro, en Cárdenas, del comandante de la Policía Ministerial Miguel Ángel Gamas Garduza, quien luego fue asesinado. Ese mismo mes, también en Cárdenas, se halló el cadáver de Carlos Mario Izquierdo Cruz, quien formaba parte de la inteligencia militar.

En febrero, el hallazgo de los cuerpos descuartizados de dos mujeres a orillas del río Mezcalapa, en el municipio de Huimanguillo, impactó a la sociedad tabasqueña. Una fue identificada como Edith Valladares Ramírez, de 18 años, estudiante del plantel 16 del Colegio de Estudios Científicos y Tecnológicos del Estado.

CAPÍTULO 5

ALLENDE
LAS FRONTERAS

Estados Unidos: La invasión silenciosa

J. Jesús Esquivel

WASHINGTON.- La realidad del narcotráfico en Estados Unidos está muy clara: los cárteles mexicanos no sólo se hallan enquistados en casi todo el territorio de este país, sino que continúan extendiéndose, con la amenaza que ello supone para la seguridad nacional.

La agencia federal antidrogas (DEA) admite que el fenómeno empeoró a partir de los ataques terroristas del 11 de septiembre de 2001, que abrieron la puerta a la invasión de narcotraficantes mexicanos.

La presidencia de George W. Bush "se obsesionó tanto en la lucha contra el terrorismo que descuidó la frontera con México y quitó a las agencias federales los recursos que antes se usaban en el combate al tráfico de drogas para redirigirlos a tácticas antiterroristas, lo que fue aprovechado por los cárteles de las drogas, como el de Vicente Carrillo Fuentes", explica a **Proceso** un alto funcionario de la DEA que aceptó la entrevista con la condición de que se le identificara solamente como uno de los especialistas y encargados del análisis del narcotráfico en México.

El tráfico de drogas en la frontera entre ambos países –dirigido a ciudades como Nueva York, Chicago, Washington, Nueva Orleáns, Miami, Dallas, Houston y Atlanta, entre otras– se incrementó precisamente a partir de octubre de 2001, cuando Bush desató la venganza contra Afganistán para atrapar a Osama Bin Laden –autor intelectual de los ataques terroristas del 11 de septiembre de ese año– y acabar con el régimen de los talibanes.

El boquete

El especialista de la DEA asegura que el cártel de Juárez, bajo el mando de Carrillo Fuentes, fue el primero en darse cuenta del error de Bush y "se dedicó a hacer alianzas con pandillas estadunidenses, como *Los Aztecas*, y a crear grupos de operación dentro de Estados Unidos para el tráfico de drogas y armas, y para el ajuste de cuentas. Fue en esos años cuando nació *La Línea*".

Para mediados de 2002 el tráfico de drogas en la frontera alcanzó cifras preocupantes que reflejaban la vulnerabilidad a la seguridad nacional estadunidense que había causado el presidente Bush con su guerra internacional al terrorismo.

De acuerdo con la Oficina de Aduanas de Estados Unidos, en el año fiscal de 2001 se confiscaron 895 toneladas de drogas en todo el país; para los primeros tres meses del año fiscal de 2002 las autoridades ya se habían incautado 150 toneladas de narcóticos.

"Es imposible tener un dato preciso sobre la cantidad de drogas que cruzan la frontera norte de México", dice el funcionario de la DEA; pero, indica, si se considera que en 15 meses entre 2001 y 2002 se confiscaron mil 45 toneladas de droga en Estados Unidos, "es casi seguro que cantidades más grandes lograron evadir la justicia porque no había mucha preocupación en vigilar la frontera sur".

Con el retiro de fondos y de personal destinados a la lucha antidrogas en la frontera con México, el Buró Federal de Investigaciones (FBI), Aduanas, la Patrulla Fronteriza y el Buró de Alcohol, Tabaco, Armas de Fuego y Explosivos (ATF) se vieron prácticamente imposibilitados para contener la invasión de narcotraficantes mexicanos.

El especialista de la DEA considera que el perido 2001-2003 fue el más lucrativo para el cártel de Juárez, pero indica que la fuga de Joaquín *El Chapo* Guzmán Loera, en enero de 2001, complicó las operaciones de Carrillo Fuentes.

"*El Chapo* es uno de los narcotraficantes más inteligentes de México. Al igual que Carrillo Fuentes, él se dio cuenta de que la lucha antiterrorista de la Casa Blanca abrió un boquete en la frontera sur y decidió pelear por la plaza de Ciudad Juárez y el resto de la frontera norte de México", dice.

La frontera entre Ciudad Juárez, Chihuahua, y El Paso, Texas, es considerada por muchos expertos como "el portón más grande para la entrada de drogas a Estados Unidos" y es disputada también por otros grupos criminales, como *Los Zetas* –originalmente el brazo armado del cártel del Golfo–, el cártel de Sinaloa y el de Tijuana, así como por la llamada Federación, sin contar a otros narcotraficantes independientes que manejan el narcomenudeo por medio de pandilleros en ambos lados de la frontera.

Numerosos reportes de la DEA y del FBI señalan a *Los Zetas* como el primer grupo que reclutó en Estados Unidos células de operación dedicadas exclusivamente al trasiego de las drogas y a eliminar a sus contrincantes en territorio estadunidense.

Estados Unidos registra la presencia de *Los Zetas* desde finales de 2003 en Dallas, Texas, pero, según la DEA, el Departamento de Justicia consideró que eso era "un simple rumor sin confirmar".

Sin embargo, la DEA y el FBI siguieron los pasos de *Los Zetas* y constataron que se habían extendido a Houston, Austin, Laredo y El Paso, en Texas, y tenían presencia en otros estados. Para ese momento, los demás cárteles del narcotráfico mexicano también habían cruzado la frontera.

La DEA revela que dentro de la administración Bush hubo una lucha interna por aceptar la realidad del narcotráfico en Estados Unidos.

"En 2004, cuando ya habíamos ubicado la presencia de cárteles mexicanos en más de 15 estados del país, el presidente Bush estaba concentrado en buscar su reelección; el tema del terrorismo era la base de su plataforma política para quedarse en la Casa Blanca. Creo que fue otro grave error de táctica del gobierno de mi país", se queja el funcionario de la DEA.

El aumento en el movimiento de drogas que salían de ciudades fronterizas, como Laredo, El Paso, San Ysidro y Las Cruces, hacia estados lejanos como Maine, Seattle, Nueva York, Massachusetts, Maryland, Illinois, Dakota del Norte y del Sur, Oregon, Connecticut, Georgia y hasta Hawai, prendió la señal de alarma en los departamento de Justicia y de Defensa, que comenzaron a evaluar la magnitud de la amenaza del narcotráfico mexicano.

La Casa Blanca no reconoció públicamente el problema sino hasta el 11 de abril de 2008, a nueve meses del cambio de administración, cuando el presidente Bush autorizó al Centro Nacional de Inteligencia sobre Drogas (NDIC) del Departamento de Justicia a que revelara un reporte en el que aceptaba que "los principales cárteles del narcotráfico de México" tenían presencia en 195 ciudades de los 50 estados del país.

"En 2008, los cárteles de Juárez, Tijuana, el Golfo, Sinaloa y la Federación tenían operadores en todo Estados Unidos; la frontera norte de México se había transformado en tierra de nadie", señala el funcionario de la DEA.

A partir de ese momento, la DEA, el FBI y hasta el Pentágono se coordinaron para enfrentar la nueva amenaza de seguridad nacional: el narcotráfico.

Corrupción

Varios documentos entregados por el Departamento de Justicia al Congreso intentan explicar el motivo de la presencia de cárteles mexicanos en Estados Unidos.

"Grupos criminales como *Los Zetas*, por ejemplo, han reclutado a miles de inmigrantes indocumentados y residentes legales en Estados Unidos para que se encarguen de distribuir, transportar y vender las drogas que meten por el territorio mexicano", se anota en uno de los documentos en poder del Comité de Relaciones Exteriores del Senado, al que este semanario tuvo acceso.

Esos operadores se encargan también de cobrar el dinero de la venta de las drogas "y de enviarlo de manera ilegal a México, junto con armas de fuego de todo tipo de calibre", y lo que es más: "grupos como *Los Zetas* se han aprovechado de la ignorancia y necesidad de sus operadores en Estados Unidos para utilizarlos como sicarios que se encargan de asesinar a sus enemigos de los otros cárteles (...) En Louisiana, Carolina del Sur, Alabama, California y Texas, el gobierno federal tiene registro de asesinato de personas que ha sido el resultado de la lucha por el control del territorio estadunidense entre los narcotraficantes de México", concluye el reporte entregado al Comité de Relaciones Exteriores.

Tanto la DEA como el Departamento de Justicia enfatizan una "gran diferencia" en la conducta de los narcotraficantes mexicanos en ambos países: en México, los cárteles de la droga han logrado corromper a las policías municipales y estatales, así como a algunos sectores de la policía federal y del Ejército, lo que les permite operar con mayor facilidad. A esto se suma la intimidación a la sociedad mediante asesinatos, secuestros y desaparición de personas.

"Aquí en Estados Unidos también hay corrupción por narcotráfico, sólo que en menor escala o nivel que en México", sostiene el funcionario de la DEA, quien para en seco sus comentarios cuando se le pregunta por qué entonces Estados Unidos no ha podido desmantelar todas las redes de operación del narcotráfico mexicano en su propio territorio.

"Estamos haciendo todo lo necesario para contenerlo. El problema que tenemos es que aquí, en Estados Unidos, todas las células del narcotráfico están dispersas, es decir, no hay un grupo representativo especifico. En otras palabras, cualquier persona o inmigrante indocumentado puede ser ahora operador de *Los Zetas*, el cártel del Golfo o de *La Familia*; y si no lo son, por lo menos sus jefes nos lo hacen sentir así. Por eso es más difícil ubicarlos y detenerlos", responde el funcionario de la DEA.

El pasado 11 de marzo, ante el Subcomité de Seguridad Interior y Asuntos Gubernamentales del Senado, el gobierno federal estadunidense, ahora en manos de Barack Obama, admitió que varias agencias federales encargadas de la vigilancia de la frontera con México han sido notablemente corrompidas por el narcotráfico mexicano.

La oficina de investigaciones del inspector general del Departamento de Seguridad Interior documentó que en el año fiscal 2009 –que concluyó el pasado 30 de septiembre– se recibieron 12 mil 458 quejas sobre casos de fraude que involucran el tráfico de drogas, armas y dinero, por los que se abrieron mil 85 investigaciones federales. En total fueron arrestados 3 mil 134 agentes, procesados judicialmente otros 293 y 281 más fueron sentenciados por corrupción.

En la misma audiencia del Senado, Kevin L. Perkins, subdirector de la división de asuntos criminales del FBI, declaró que en los últimos dos años se dictaron mil 600 sentencias contra funcionarios federales, estatales y locales por corrupción asociada con los cárteles del narcotráfico mexicano, y aún "están pendientes otros 3 mil 200 casos de corrupción de funcionarios públicos", agregó el funcionario del FBI.

La creciente presencia de los cárteles mexicanos en Estados Unidos ha llevado al Departamento de Justicia a fortalecer la supervisión de todas las agencias federales que se encargan de vigilar y controlar la frontera con México. Tan sólo el FBI tiene a 120 agentes en esa zona para identificar y prevenir la corrupción.

Los principales objetivos de los cárteles del narcotráfico en la frontera sur de Estados Unidos son los agentes aduaneros, los de la Patrulla Fronteriza, policías estatales y funcionarios locales, a quienes compran con varias decenas de millones de dólares.

Al margen de los casos que presentó al Senado el Departamento de Seguridad Interior, el FBI dio cuenta de otros 400 casos de corrupción de funcionarios públicos en la frontera sur estadunidense en el miso año fiscal 2009. El FBI además arrestó a más de 100 personas y se procesaron judicialmente más de 130 casos, a nivel estatal y federal, por corrupción.

La administración de Obama aceptó en el Congreso que existe un "esfuerzo concertado" del crimen organizado a nivel trasnacional para infiltrar las agencias federales encargadas de la vigilancia fronteriza con la finalidad de conocer los programas y planes para prevenir la entrada de narcóticos a Estados Unidos y la salida a México de armas y dinero.

Del 1 de octubre de 2004 a la fecha, "103 agentes de la oficina de Adunas y la Patrulla Fronteriza (CBP) han sido arrestados o encausados por delitos de corrupción que van desde tráfico de drogas, tráfico de indocumentados, lavado de dinero y conspiración para cometer otros crímenes", reconoció James Tomsheck, subdirector de investigaciones internas de CBP.

La DEA acepta la gravedad del problema del narcotráfico en Estados Unidos, aunque insiste en que se han realizado de manera más constante las llamadas operaciones "ínteragencias", que se concentran en desmantelar a las células de los cárteles mexicanos.

Una de las más sonadas fue la Operación Proyecto Colorado contra *La Familia Michoacana*, que culminó el pasado 22 de octubre con 303 personas arrestadas en 19 estados.

Un operativo similar contra células de los cárteles de Sinaloa y del Golfo en la ciudad de Atlanta permitió arrestar a más de mil 200 personas en más de 30 estados en varios golpes, durante un año.

"Lo que inició hace unos años Vicente Carrillo Fuentes, hoy es una realidad para todos los cárteles del narcotráfico de México. Todos los grupos criminales de ese país, hasta los dedicados al secuestro, quieren contar con operadores en Estados Unidos para realizar todo tipo de actividades delictivas. Detenerlos es una tarea difícil y complicada, pero no imposible. Los vamos a derrotar ya sea dentro o fuera del territorio" estadunidense, agrega el funcionario de la DEA.

Centroamérica: El traspatio

Velia Jaramillo

GUATEMALA.- Es un hecho. Los capos mexicanos llegaron a Centroamérica para quedarse. Y de ser un corredor de paso, y luego un lugar de almacenamiento, la región está en vías de convertirse en la principal base de operaciones de esos poderosos jefes de cárteles.

El riesgo de que organizaciones de narcotraficantes mexicanos se establezcan en Centroamérica ya alarma al Departamento de Estado en Washington, reconoció Frank Mora, subsecretario adjunto de Defensa del gobierno de ese país para el hemisferio occidental.

En un discurso que pronunció en la Brookings Institution en Washington el 25 de febrero pasado, Mora externó su preocupación por que la presión policial contra los narcotraficantes en México y en Colombia los está empujando al corredor centroamericano.

Mora planteó este escenario días antes de la visita de la secretaria de Estado Hillary Clinton a territorio centroamericano. El 5 de marzo, Clinton se reunió en Guatemala con los mandatarios del istmo en un encuentro en el que el narcotráfico fue tema obligado, según confirmó la cancillería guatemalteca.

De visita en Panamá durante la segunda semana de marzo, Mora declaró al diario *La Prensa* que la seguridad en Centroamérica está siendo amenazada por el narcotráfico, fenómeno que, afirmó, debilita las instituciones democráticas de la región, por lo que llamó a elaborar un plan interinstitucional e integral para evitar que en Panamá y Costa Rica ocurra lo mismo que hoy sucede en México y Colombia.

Numerosos reportes de agencias estadunidenses e internacionales contra el crimen alertan sobre la creciente penetración de redes de narcotraficantes mexicanas en Centroamérica.

La presencia de los narcos se hizo notar desde 2008, cuando protagonizaron más de 42 enfrentamientos tan sólo en Guatemala, de acuerdo con investigaciones del diario *elPeriódico* divulgadas en enero de 2009. En ese momento, indican reportes de la policía, por lo menos 300 narcotraficantes mexicanos operaban en territorio guatemalteco, principalmente en los departamentos de Alta Verapaz, San Marcos, Petén y Guatemala. Para 2010 la cifra de narcotraficantes mexicanos que están dirigiendo y operando organizaciones criminales en Guatemala creció hasta mil, estiman fuentes policiales.

En este país, el cártel del Golfo y el que fuera su brazo armado, *Los Zetas*, se apoyan en exmilitares y kaibiles que reclutan, aunque no siempre de manera voluntaria. En marzo de 2009, la entonces directora de la policía, Marlene Blanco, mencionó denuncias recibidas en comunidades de Salamá, Baja Verapaz: hombres armados, cubiertos con pasamontañas, llegaron a reclutar jóvenes, a los que no dejaban salida: si decían que no, los amenazaban con atacar sus comunidades.

La policía guatemalteca también detectó que el cártel de Sinaloa utiliza a pandilleros de la Mara Salvatrucha.

El 9 de enero, al inaugurar una base antinarcóticos en el Pacífico, el presidente Álvaro Colom sostuvo que 41% de las muertes violentas en el país están ligadas al narcotráfico, el lavado de dinero y el narcomenudeo. Ahí mismo, Todd Robin, encargado de negocios de la Embajada de Estados Unidos, declaró que por lo menos 400 toneladas de droga son transportadas a través de Centroamérica.

Los narcotraficantes mexicanos se adueñan ya de territorios completos en el país. En enero, en una entrevista con el Buró Informativo de Guatemala, la fiscal antinarco Brenda Dery Muñoz expuso que el departamento de San Marcos, en la frontera norte, es un corredor de tránsito terrestre y marítimo de drogas a México, y además un sembradero de amapola para cárteles de este país.

En el departamento de Huehuetenango, también fronterizo con México, "hay intimidación directa hacia la población protagonizada por cárteles de narcotráfico, principalmente mexicanos", denunció la funcionaria.

El jefe de la Secretaría de Análisis e Información Antinarcóticos de Guatemala, Pedro García, dijo al reportero Luis Ángel Sas, de *elPeriódico*, que *Los Zetas* han copado el departamento de Cobán mediante ejecuciones de narcotraficantes locales, buscando adueñarse del territorio.

Regionalizados

En Honduras, los cárteles referidos se adueñan del territorio "hasta el punto de que en ciertas zonas de Honduras las personas se sienten aterrorizadas y hay lugares que los pobladores han abandonado", declaró el 17 de febrero en Colombia el ministro de Seguridad de Honduras, Óscar Álvarez.

El funcionario advirtió que los narcos mexicanos, mucho más violentos, han desplazado en su país a los colombianos, con lo que han desatado una ola de asesinatos perpetrados por sicarios.

Uno de los muertos fue el jefe de la lucha contra el narcotráfico en Honduras, el militar retirado Julián Arístides González, asesinado el 8 de diciembre de 2009. El crimen fue ordenado por cárteles, según las autoridades locales. El ministro Álvarez anunció que impulsará una guerra sin cuartel contra estas organizaciones, que se convirtieron en el peor problema de seguridad de Honduras.

En Colombia, a donde acudió en busca de apoyo en su lucha contra al narco, Álvarez dijo tener versiones de que *Los Zetas* ofrecen hasta 150 mil dólares por matarlo.

No es el primer alto funcionario amenazado. El 13 de febrero de 2008, la entonces directora de la policía guatemalteca, Marlene Blanco, advirtió que supuestos *zetas* la amenazaron mediante un mensaje escrito que llegó a la Dirección General de la Policía, así como en una llamada telefónica a su celular, en la que un presunto narcotraficante con acento mexicano le advirtió que no sabía con quién se estaba metiendo.

Pero además de *Los Zetas*, en Honduras tiene presencia el jefe del cártel de Sinaloa, Joaquín *El Chapo* Guzmán. El 22 de febrero, el ministro Álvarez declaró al diario *La Tribuna* que el capo mexicano vacacionaba en el norte y occidente de Honduras, entre los municipios de Colón y Copán, y que además pasa temporadas en ese país.

La Prensa de Honduras, en un amplio reportaje divulgado el 5 de febrero, reveló que tres cárteles mexicanos operan en territorio hondureño: *La Familia*, el del Golfo y el de Sinaloa. Citando fuentes de los cuerpos antidrogas, precisó que los cárteles mexicanos tienen ya bajo su dominio los departamentos del Sur, Norte, Occidente y parte de la región atlántica en Honduras, en tanto que grupos colombianos retienen el control del departamento Gracias a Dios, y de una porción de Colón.

Las huellas de los capos en Honduras son evidentes: el 8 de noviembre de 2009 la policía descubrió una pista aérea clandestina en una hacienda de Naco, departamento de Cortés, propiedad del cártel de Sinaloa, según las indagatorias policiales.

El 12 de enero, el diario *La Tribuna* anunció que una banda, integrada por cuatro hondureños y el mexicano José Luis

Acosta Urreta, fue capturada en la comunidad de Cofradía, colindante con San Pedro Sula, a bordo de un auto robado en México.

En Nicaragua los rastros de su presencia son también abundantes: el 15 de noviembre, la policía y el ejército descubrieron en la provincia de Matagalpa, en el norte de ese país, un arsenal compuesto por 53 fusiles de asalto AK-47, cuatro M-16, un Galil, una M-79, morteros, granadas y cartuchos.

Además, un enorme laboratorio fue desmantelado el 23 de febrero en la Hacienda El Papalote, municipio de Villa El Carmen, a 26 kilómetros de Managua. Ahí cayeron el mexicano Alfredo Asunción Pérez Mercado y dos guatemaltecos.

En Costa Rica, en donde el narco comienza a ser fuente de preocupación, la policía desmanteló el 12 de febrero una red que pretendía exportar 840 kilos de cocaína ocultos entre 96 paneles de mármol. Cuatro mexicanos, un colombiano y dos costarricenses fueron capturados. En este país, narcotraficantes colombianos almacenan droga que luego venden a cárteles mexicanos, especialmente al de Sinaloa, dijo en conferencia de prensa, en ese país, el director del Organismo de Investigación Judicial (OJ), Jorge Rojas.

Narcodinero

En *La economía no observada: una aproximación al caso Guatemala*, el sociólogo guatemalteco Edelberto Torres-Rivas, adscrito al Programa de Naciones Unidas para el Desarrollo (PNUD), cita estudios del Banco Mundial que en 2006 estimaron el movimiento de cocaína en Guatemala en el equivalente de 1.9% a 2.8% del PIB, esto es, más de 5 mil 900 millones de dólares.

En contraste, todo el aparato de seguridad y justicia del país, que conforman fiscalías, cortes y la policía, manejan un presupuesto anual de 500 millones de dólares.

Según el trabajo de Torres-Rivas, Guatemala es un sitio de depósito y redireccionamiento de los destinos de la mercancía ilegal; también es un mercado de consumo, así como de lavado de dólares y de inversión, además de un productor indirecto de heroína, porque en el país se cultivan flores de amapola que posteriormente son trasladadas al mercado mexicano.

En cuanto a la geografía del narconegocio en Guatemala, la investigación del PNUD describe que el transporte terrestre y aéreo se realiza principalmente por Petén, departamento en el que funcionan dos grandes corredores: uno que arranca en Sayaxché y llega a Palenque, en el estado mexicano de Chiapas, y otro que parte de La Libertad Petén y llega hasta Tenosique, Tabasco.

"El primero ha tenido una importancia creciente por sus pistas y su articulación con el río Usumacinta. En estos sitios lo que vale es la geografía, que los protege, oculta y defiende, y pueden identificarse grupos sociales afines a las actividades ilícitas", apunta el informe.

De hecho, detalla, se calcula que en Petén al menos 37 comunidades colaboran con actividades del narco a cambio de pagos que oscilan entre 625 y 2 mil 500 dólares al mes.

Una tercera ruta es el área del Pacífico, por las playas de Escuintla, Retalhuleu y Suchitepéquez; y la cuarta es la frontera con México, en el departamento de San Marcos, donde también se produce amapola para los cárteles mexicanos.

Todo este trasiego tiene una explicación: América Central es una de las principales zonas de reexpedición de remesas de drogas provenientes de América del Sur con destino a América del Norte y Europa, de acuerdo con un informe de 2009 de la Junta Internacional de Fiscalización de Estupefacientes divulgado el pasado 24 de febrero.

El documento advierte acerca de las bandas que se suman a esta actividad.

"Hay indicios de que miembros de los cárteles de la droga mexicanos y miembros de las pandillas se han aliado para crear agrupaciones delictivas. Las actividades de tráfico de drogas se realizan frecuentemente bajo la protección de pandillas locales que actúan en las zonas fronterizas, especialmente de El Salvador, Guatemala y Honduras", indica la organización.

Y señala que, "a pesar de las nuevas reglamentaciones que prohíben la efedrina y la seudoefedrina en varios países, la región se sigue utilizando como zona de reexpedición del contrabando de precursores a México, donde continúa la fabricación ilícita de estimulantes de tipo anfetamínico".

El tráfico de drogas por mar sigue siendo un problema serio en varios países de América Central y del Caribe, anota el informe, y cita el caso de El Salvador, donde 85% de la cocaína que se trafica es transportada por rutas marítimas. "Por otra parte, para el transporte de cocaína se utilizan cada vez más aviones ligeros que despegan de pistas clandestinas y aterrizan en zonas remotas", explica.

En Nicaragua –en cuya costa del Pacífico ocurrieron la mayoría de las incautaciones durante 2007–, "las organizaciones de narcotraficantes parecen haber trasladado sus actividades ilícitas a la región atlántica".

En Honduras el tráfico de cocaína por aire aumentó en 2009 y principios de este año. "Varios aviones ligeros –identificados en su mayor parte con matrícula venezolana– han aterrizado ilegalmente o se han estrellado en territorio hondureño", refiere el documento.

En Guatemala crece otra actividad ilegal alentada por cárteles mexicanos: el cultivo de la adormidera y el tráfico de heroína.

"Mientras que el cultivo y el tráfico de *cannabis* han disminuido y el tráfico de cocaína permanece básicamente al mismo nivel en el país, el de opio y de heroína tiende a aumentar", advierte la Junta.

Este fenómeno es atribuido por las autoridades guatemaltecas al establecimiento en el país del grupo armado *Los Zetas*.

En 2008 el gobierno de Guatemala erradicó casi 300 millones de plantas de adormidera e incautó 10 kilogramos de heroína; en febrero de 2009, en una sola operación, erradicó 596 plantaciones de adormidera en 739 hectáreas del departamento de San Marcos, casi 60% del número total de plantas erradicado en 2008.

Atrapada en el fuego cruzado

Un reporte de 2008 de la Oficina de Naciones Unidas contra la Droga y el Delito (ONUDD) advierte que "Centroamérica continúa siendo una de las regiones más vulnerables" frente al narco, entre otras razones porque "hay áreas escasamente controladas por la policía" en varios países de la región.

El estudio identifica el parque La Laguna del Tigre, en Guatemala; La Mosquita, en Honduras, y la Costa Atlántica de Nicaragua como "ubicaciones ideales para reabastecer, empacar y almacenar drogas".

Prueba de la creciente actividad del narco son las confiscaciones: de 2000 a 2007 los decomisos de cocaína en Panamá crecieron de 7.4 a 60 toneladas, y en Costa Rica aumentaron de 5.8 a 32.4 toneladas.

En su *Evaluación interagencial del movimiento de cocaína*, el gobierno de Estados Unidos estimó que entre 530 y 710 toneladas de esta droga salieron desde América del Sur rumbo a Estados Unidos en 2006, y 90% de esta carga transitó a través del corredor México-Centroamérica.

La ONUDD refiere que durante los ochenta y noventa el principal corredor de tráfico de droga fue el Caribe, preferido por los narcotraficantes colombianos de Cali y Medellín, que desde esta ruta entraban a Estados Unidos por el sur de Florida. Para 1998 cerca de 59% de la cocaína se movía a través del eje Centroamérica-México, 30% por el Caribe y el resto directamente mediante barcos o vuelos comerciales. Ya en 2006, 90% de la droga pasaba por el corredor centroamericano.

De acuerdo con la ONUDD, ese desplazamiento es producto de reacomodos derivados, a su vez, de acciones de aplicación de la ley, pero también de un creciente dominio mexicano sobre los mercados de cocaína en Estados Unidos.

El documento de las Naciones Unidas expone que los países centroamericanos, particularmente Guatemala, "al parecer son usados como escenarios para el transporte aéreo y terrestre hacia México, así como para el tráfico de botes rápidos a lo largo de la costa del Caribe. En ese sentido, los centroamericanos pueden tener un papel en la organización logística de los envíos de cocaína".

Un análisis de las incautaciones reportadas en zonas de tránsito hacia los mercados estadunidense y canadiense revela que la proporción de las que tuvieron lugar en Centroamérica pasó de 1% en 1985 a 29% en 2000, a 48% en 2005 y a 71% en 2006.

Otro fenómeno que disparó la alerta entre autoridades estadunidenses, mexicanas y centroamericanas es el creciente tráfico de éxtasis. El documento de la ONUDD refiere que esta droga es enviada desde Europa a través de países centroamericanos. "Las autoridades costarricenses han manifestado preocupación mientras lidian con el creciente tráfico de éxtasis. En 2001 incautaron 557 tabletas, mientras que en 2007 llegaron a incautar más de 19 mil", agrega el informe.

Los órganos policiacos de los países de Centroamérica y del Caribe invierten cuantiosos recursos en la intercepción de drogas producidas en otros países, indica la ONUDD.

El dato no es menor, si se considera que el dinero que se mueve en torno al tráfico de drogas excede por mucho los recursos de países enteros. Para dar una idea: tan sólo en 2003 el mercado estadunidense de cocaína movió 60 mil millones de dólares.

La ONUDD concluye: Centroamérica tiene que sufrir por los problemas de sus vecinos del norte y del sur. Su ubicación geográfica, entre los productores mundiales de cocaína (Perú, Colombia y Bolivia) y sus consumidores primarios (Estados Unidos y Europa) sella su destino fatal.

Europa:
Luces rojas

Alejandro Gutiérrez

MADRID.- Sin hacer aspavientos los cárteles mexicanos se expanden por todo el mundo y ya están presentes en 46 países.

Pese a la guerra antinarco emprendida por el presidente Felipe Calderón desde el comienzo de su mandato, los capos no sólo mantienen intactas sus finanzas sino que cada vez consolidan sus espacios estratégicos en el país y en el extranjero.

Su propósito, aseguran académicos consultados por este semanario y documentos oficiales obtenidos por el reportero, es globalizar sus acciones delictivas.

Edgardo Buscaglia, director del Centro de Desarrollo de Derecho Internacional y Economía de la Universidad de Stanford, Estados Unidos, sostiene que ante la falta de acciones efectivas del gobierno mexicano para mermar el patrimonio de los cárteles, éstos lograron "extender sus bases operativas a por lo menos 46 países".

Entrevistado vía telefónica, el también asesor de la ONU en materia de corrupción y delincuencia organizada sostiene que, además de estar presentes en 22 países latinoamericanos –incluidos Colombia, Bolivia y Perú, donde se abastecen de cocaína–, esas organizaciones actúan en naciones de la Unión Europea, como España, Portugal, Italia y Polonia, "con el apoyo de socios locales", así como en Europa del Este, pues se ha detectado su presencia en Bulgaria y Rumania, y existen indicios de su intervención en Ucrania, Albania, Lituania y Rusia.

El especialista, quien imparte cátedra en el Instituto Tecnológico Autónomo de México, señala que existen alertas por la presencia de los cárteles en nueve países africanos, principalmente en la redituable costa oeste, parte de la ruta de distribución de la droga hacia Europa.

De acuerdo con un estudio desarrollado entre 2003 y 2007 bajo la coordinación de Buscaglia con la finalidad de evaluar los sistemas judiciales y de inteligencia financiera en 107 países, en el que participaron 235 equipos de consultores legales y financieros, las organizaciones criminales mexicanas también han incursionado en China, Corea del Norte, India y Myanmar.

El 3 de marzo último, el administrador adjunto de la DEA para temas de inteligencia, Anthony P. Placido, habló ante la Cámara de Representantes de Estados Unidos sobre la presencia de los cárteles mexicanos en la promisoria ruta africana de la cocaína hacia Europa y sobre su participación en el tráfico de los precursores químicos utilizados en la producción de drogas sintéticas.

De acuerdo con Placido, "África está experimentando un riesgo sin precedente por el tráfico de drogas y por la expansión del crimen organizado, cuyos grupos explotan las debilidades de los gobiernos locales".

El representante de la DEA también explicó que esos "signos obvios de inestabilidad y vulnerabilidad en África" son explotados por algunas de las organizaciones más peligrosas del mundo; lo mismo hay grupos de Sudamérica, que se encargan de mover toneladas de cocaína a través de África del oeste, que cárteles mexicanos dedicados a desviar toneladas de metanfetaminas y precursores químicos procedentes de Centro y Sudáfrica.

La sombra del piloto venezolano

En julio de 2006 se encendió la alarma: 300 kilos de seudoefedrina que había sido enviada de la República Democrática del Congo a México fueron incautados en Bélgica.

Al año siguiente, en septiembre, el subadministrador adjunto de la DEA, Joseph T. Rannazzisi, expuso ante los senadores estadunidenses del Comité de Finanzas los resultados de la Operación Flujo de Cristal, en la que él participó. Explicó que los cárteles mexicanos habían llegado a África y Medio Oriente.

"Ahí es donde adquieren sustancias químicas para la producción de drogas sintéticas", afirmó Rannazzisi. Y añadió que, en alianza con sus pares colombianos, los narcotraficantes mexicanos hicieron "esfuerzos comunes y concertados" para establecer contactos en la República Democrática del Congo, Ghana, Mozambique, Somalia, Nigeria, Burundi y Sudán, así como en Siria, Irán, Irak y los Emiratos Árabes Unidos.

En su comparecencia ante los congresistas, Placido también mencionó que esa misma plataforma africana se utiliza para la recepción de cocaína y para la salida de cargamentos de precursores químicos que manejan los cárteles mexicanos.

Recordó el caso del vuelo ilícito que arribó al aeropuerto de Sierra Leona en julio de 2008 procedente de Venezuela. La nave, que utilizó emblemas falsos de la Cruz Roja, transportaba 600 kilos de cocaína, según publicó **Proceso** en sus ediciones 1662 y 1678.

En ese operativo fueron capturadas ocho personas, entre ellas los mexicanos Gerardo Quintana Pérez y Leonardo Fernández Bustamante, luego de su intento fallido de huir a Guinea Conakry. En abril de 2009 la DEA difundió un comunicado en el que anunciaba que Quintana Pérez y otros de los implicados habían sido extraditados a Estados Unidos.

Este semanario informó en aquella ocasión que en julio de 2008 fue detenido en Guinea Bissau el piloto venezolano Carmelo Vásquez Guerra, acusado de participar en el transporte de droga en un jet privado. Es el mismo personaje que presuntamente formaba parte de la tripulación del avión DC-9 asegurado el 10 de abril de 2006 en el aeropuerto de Ciudad del Carmen, Campeche, con cinco toneladas y media de cocaína.

El 17 de agosto de 2008 el piloto venezolano fue dejado en libertad por un juez de procedimientos penales del país africano, la víspera de la fecha prevista para su extradición a México (**Proceso** 1678). Y aun cuando la policía de Bamako, capital de Malí, lo recapturó días después, lo liberó porque, según los uniformados, "no correspondían las huellas dactilares", explicó recientemente un investigador en México.

Pero el nombre de Vásquez Guerra volvió a mencionarse el pasado 8 de febrero, a raíz de la captura de 22 personas en Colombia durante el Operativo Fronteras. Según el director de la Policía Nacional, general Óscar Navarro, los detenidos están vinculados a varias organizaciones proveedoras de cocaína y eran el enlace de Joaquín *El Chapo* Guzmán en ese país.

En esa acción cayó María Patricia Rodríguez Monsalve, *La Doctora*, viuda de Francisco Cifuentes, alias *Don Pan-*

cho, cabeza del llamado cártel de Los Pilotos; ella y *Don Pancho* tenían nexos con *El Chapo* Guzmán y con Otto Herrera, quien era operador del capo mexicano en Colombia.

Otro de los detenidos, Freddy Arciniegas Niño, se encargaba de la "ruta del oriente". Él era uno de los principales introductores de droga desde Venezuela hasta África y luego a Europa.

Tras la captura de los integrantes del cártel de Los Pilotos se confirmó que entre las aeronaves que utilizaba esa organización estaba el DC-9 que la PGR aseguró en Campeche en 2006 y que tripulaba Vásquez Guerra. El avión fue adquirido por *Don Pancho* y por *El Chapo* Guzmán en Estados Unidos a través de la casa de cambio Puebla (**Proceso** 1627).

"El narco ya está aquí"

La expansión de los capos mexicanos encendió los focos ámbar en los países de la Unión Europea, que hasta hace poco consideraban el fenómeno del narco mexicano como un tema lejano.

Carel Edwards, jefe de la Unidad Antidrogas de la Comisión Europea, declaró a la agencia *BBC Mundo*, el 12 de noviembre de 2009, que la expansión internacional de los cárteles mexicanos es muestra de que la lucha contra la droga en su país no está teniendo resultados.

"Todo mundo sabe que la situación en México está empeorando y los cuerpos de seguridad europeos tienen cada vez más problemas con traficantes de drogas mexicanos, particularmente en el negocio de la cocaína.

"México no superará la crisis de inseguridad si no ataca el problema de raíz. Si enfrentas este fenómeno sólo como un problema criminal no vas a llegar muy lejos; se debe atacar la corrupción, el desempleo y la desigualdad", dijo el funcionario europeo durante la entrevista.

En el mismo sentido el director de la Policía Europea (Europol), Rob Wainwright, externó que la presencia de las organizaciones mexicanas en Europa puede estar dirigida a desplazar a las bandas sudamericanas.

"Hasta la fecha, los grupos colombianos y venezolanos han sido los más activos en el tráfico de cocaína hacia Europa, pero es muy probable que la actividad de los grupos mexicanos aumente en Europa", reportó la agencia británica.

Edgardo Buscaglia advierte que no sólo se trata del tráfico de estupefacientes. Dice que "la presencia de los cárteles mexicanos en estos países europeos está más ligada a la protección de esa base patrimonial que les generan sus actividades ilícitas de delincuencia organizada".

Insiste: "El narcotráfico es sólo una de ellas, pero también están el tráfico de armas, de indocumentados; la trata de personas, el secuestro... En total han sido documentadas 22.

"Y eso es clave para seguir financiando violencia y corrupción en México, y donde vayan tener una fuente patrimonial que, según los análisis de organismos especializados, les retribuye dividendos de 10 a 17% anual, cuando el ambiente de retorno de una cuenta bancaria en Europa retribuye sólo 1.5% y en Estados Unidos aun es menor."

El informe *El negocio transatlántico de la cocaína: opciones europeas ante las nuevas rutas del narcotráfico*, elaborado en 2009 por Daniel Brombacher y Günher Malhold para el Real Instituto Elcano, augura el fin de la pasividad europea en las políticas antidrogas.

"Ante la cooperación de Estados Unidos con los países productores y de tránsito de cocaína en América Latina, era fácil para Europa dejar el liderazgo en manos americanas. En tanto la mayoría de las rutas de cocaína eran las mismas –antes del establecimiento de una nueva ruta africana para Europa–, no había muchas razones para que los europeos reaccionaran automáticamente.

"Hoy, la ruta africana, el creciente consumo en Europa y la oleada de cocaína que ha inundado el continente obligan a los países europeos a reconsiderar la política antidrogas comunitaria. Países como España, el Reino Unido e Italia, que sufren una epidemia de cocaína, tendrán que presionar dentro de la UE para buscar un reposicionamiento comunitario en el ámbito del control de estupefacientes."

El informe de Brombacher y Malhold señala que últimamente México figura "con creciente frecuencia" como país de partida de mulas aéreas hacia Europa. Se basa en estimaciones de la ONUDD, según las cuales "alrededor de 7% de la cocaína traficada por México se desvía hacia Europa, primordialmente por vía aérea".

Y aun cuando la policía española ha emprendido en los últimos años acciones exitosas contra grupos mexicanos, es posible que haya redes que hasta la fecha no han sido detectadas por las autoridades.

En 2003, por ejemplo, puso en marcha la Operación Tacos, considerada la segunda en importancia en España por volumen de recursos. Luego de una minuciosa indagatoria, las autoridades ibéricas descubrieron el tráfico de grandes cantidades de cocaína a la península y el lavado de al menos 236 millones de euros. En estos actos ilícitos estaban implicados miembros de los cárteles de Sinaloa y del Norte del Valle.

En ese marco, el 6 de marzo de 2005 fueron detenidas en el aeropuerto de Barcelona 10 personas, entre ellas los hermanos Héctor Gerardo y José Arturo Ponce Medina, de la estructura del cártel de Sinaloa. Los policías les aseguraron un jet ejecutivo en el cual pretendían volar a Los Ángeles, California, con escala en Gandeer, Canadá. Se les decomisaron 5 millones 520 mil euros, producto de sus actividades de lavado de dinero.

Asimismo, el 29 de junio de 2009, la Guardia Civil informó sobre la captura de 31 personas en Madrid, Valladolid, Sevilla y Barcelona en el marco de la Operación Juanes. Entre los detenidos había cuatro mexicanos pertenecientes al cártel de Sinaloa, dijo la policía. En esa acción, añadió, "se incautaron 570 kilos de cocaína y 2 millones de euros listos para ser enviados a México".

Los investigadores comentaron que los detenidos pertenecían a un grupo de "alta especialización" constituido por tres células independientes (una mexicana, una colombiana y una española) y que la operación fue complicada "debido a las estrictas medidas de seguridad de la organización".

Buscaglia advierte que, en sus operaciones trasnacionales, los grupos mexicanos usan empresas fachada legalmente constituidas; además cuentan "con la colusión de ciudadanos (de varios países) con un historial comercial y con presencia en registros mercantiles en las naciones del entorno de la Unión Europea". Esos grupos, reitera, participan incluso en el mercado inmobiliario, de la construcción, la industria químico-farmacéutica, el turismo y el juego.

De acuerdo con el investigador, desde hace algunos meses la Europol ubicó a Irlanda y al Reino Unido entre las rutas de ingreso de remesas de cocaína y drogas sintéticas ocultas en barcos mercantes provenientes de México y Centroamérica. Esa ruta es adicional a la de España-Portugal, quizá la más activa, y a la de Holanda.

"El Reino Unido es un mercado que ahora sobrepasa a España en el consumo de cocaína. Ahí hay al menos 30 mil mayoristas, por lo cual ese mercado ha sufrido un incremento de 78% respecto del año 2000", explica Buscaglia.

La inteligencia alemana

La Agencia Alemana de Inteligencia (BND) es uno de los organismos que más ha impulsado el intercambio de información con sus contrapartes europeas sobre el tema de México.

En España, una fuente consultada por **Proceso** explica que la BND lleva tiempo trabajando con ahínco en la captación de información sobre México. Además, esta ofensiva de la inteligencia europea se complementa con los acercamientos diplomáticos.

Según el entrevistado, una muestra de ello es el encuentro de los representantes de las legaciones de 20 países europeos en la embajada de la República Checa en la Ciudad de México con la canciller mexicana Patricia Espinosa a mediados de enero de 2009. Entre otras cosas, los diplomáticos le propusieron una mayor cooperación operativa de los órganos de inteligencia europeos y sus cuerpos de seguridad con sus contrapartes mexicanas.

En la reunión, los europeos hablaron del deterioro de la situación institucional que, arguyeron, "estaba perjudicando las inversiones y a las personas jurídicas europeas asentadas en México", comentó a **Proceso** uno de los asistentes.

Al respecto Buscaglia sostiene que, pese a que las exigencias fueron claras y explícitas, la canciller Espinosa respondió que "la violencia sólo se concentra en cuatro ciudades: Juárez, Chihuahua, Tijuana y Culiacán. Pero esa versión no fue muy bien vista por los embajadores, pues para ellos no es compatible con la realidad que viven sus ciudadanos y sus empresas en México".

Asimismo, afirma que no sólo la BND, sino otros aparatos de inteligencia europeos "cuentan con nombres de políticos con vínculos patrimoniales u operativos con la delincuencia organizada". Y agrega que si la Unión Europea no observa una limpia en el aparato político corrompido por la delincuencia, "seguramente empezaremos a leer filtraciones en los medios de comunicación internacionales".

Un organismo policial europeo –cuyo nombre se mantiene en reserva a petición expresa de sus directivos– tuvo que recabar información acerca del principal operador del cártel de Sinaloa en Nicaragua, luego de que el gobierno mexicano se negó a responder a las solicitudes de información hechas por los conductos institucionales.

Este semanario tuvo acceso a la ficha de Héctor Luis Oseguera López, conocido como *El Cochi* o *El Maycol*, quien se movilizaba con una escolta de siete hombres fuertemente armados. Según información hemerográfica, en abril de

2007, gracias a la Operación Fénix, las autoridades de esa nación centroamericana desmantelaron esa célula y capturaron a sus integrantes, algunos de los cuales fueron extraditados meses después y entregados a la DEA.

El gobierno de Perú también ha compartido su preocupación con la Unión Europea. En noviembre de 2008 el presidente Alan García pidió una mayor cooperación a México; le solicitó el envío de agentes antidrogas para combatir a las bandas mexicanas asentadas en la región del Monzón, el valle cocalero en la provincia de Huanuco.

Además, en una visita a Bruselas en noviembre pasado, el ministro de Relaciones Exteriores de Perú, José Antonio García Belaúnde, manifestó la preocupación de su país por la presencia de una "sucursal permanente" de narcos mexicanos en Lima. El propósito, dijo el funcionario a *BBC Mundo*, es "controlar una fuente de aprovisionamiento" en Perú, que concentró 36% de la producción mundial de hoja de coca, según el informe del Observatorio Europeo de las Drogas y las Toxicomanías de 2008.

Italia:
La ruta trasatlántica

Cynthia Rodríguez

ROMA.- Una investigación que se inició hace dos años en Italia y Estados Unidos reveló, por primera vez en la historia, la existencia de una colaboración regular entre grupos criminales mexicanos e italianos para traficar cocaína a Europa.

Durante ocho meses las autoridades de ambos países comprobaron que la familia Schirripa, originaria del municipio de Marina de Gioiosa Ionica, en Calabria, y emigrada a Nueva York desde los noventa, en febrero de 2008 había comenzado a tratar con miembros del cártel del Golfo desde Estados Unidos, aprovechando sus importantes contactos con clanes de la 'Ndrangheta, la mafia calabresa que controla el narcotráfico en Europa.

Los Schirripa se surtían de droga a través de grupos sudamericanos que operaban en Nueva York, pero por problemas de deudas fueron quedándose sin distribuidores. Entonces conocieron a los miembros del cártel del Golfo, quienes no sólo les ofrecieron la droga a menor precio, sino que además los comenzaron a financiar, es decir, a entregarles la droga para que los calabreses la pagaran después, claro que con intereses.

Pero antes de que esta sociedad pudiera crecer fue interrumpida por las autoridades de ambos países en septiembre de 2008 mediante el gran operativo *Reckoning* en Estados Unidos, en el cual se detuvo a más de 200 personas, la mayoría mexicanas.

En Italia el operativo se llamó *Solare*. Desde que terminó su primera fase las autoridades italianas son cautelosas y, aunque oficialmente no hay otra operación en curso, reconocen que deben mantenerse en alerta debido, especialmente, a dos recientes indicios de que el contrabando continúa: la confiscación de un yate el 15 de octubre en el puerto de Santiago Vázquez, de Uruguay, donde encontraron 2 mil 174 kilos de cocaína lista para enviarse a Europa, y el descubrimiento de un avión abandonado en África, el pasado 2 de noviembre.

En el primer caso, gracias al operativo llamado *Los Guerreros de los Balcanes* se comprobó que la mafia serbia estaba detrás del tráfico internacional. El cargamento se pudo detectar gracias a intervenciones telefónicas que hizo la DEA desde Argentina, donde se cargó el yate de droga, e Italia, adonde llegaría parte de la misma.

"En pocos años la mafia serbo-montenegrina se ha convertido en la nueva potencia de tráfico de cocaína entre Sudamérica y Europa. Esta organización criminal ha llegado a monopolizar rutas marítimas para abastecer de la droga a algunas familias de la 'Ndrangheta y el crimen organizado de Austria, Alemania, España e Inglaterra", señala un informe interno de la Dirección Nacional Antimafia, al que tuvo acceso este semanario.

"El éxito de los serbios está ligado a las fuerzas paramilitares, a la mentalidad de entre guerreros y narcos que tienen, la cual los ha convertido en la mejor agencia de servicio para otras organizaciones de Europa, llegando a bajar el precio de la droga en algunas ocasiones", enfatiza el informe.

El procurador de Reggio Calabria, Nicola Gratteri, quien junto con personal del Reparto de Operaciones Especiales de los carabineros investigó el contacto entre la 'Ndrangheta y el cártel del Golfo hace dos años, explica en entrevista que la globalización del crimen organizado exige más atención a la relación que puedan tener varios grupos criminales, por lo que se debe estar atento a los nexos que los mexicanos puedan tener con los serbios.

Asimismo, el periodista y escritor italiano Antonio Nicaso, quien junto con Gratteri escribió los libros *Hermanos de sangre* y *La malapianta*, señala que los narcotraficantes mexicanos han demostrado que difícilmente se les puede controlar.

"Esta es la variante con los mexicanos, que como ya no es posible controlarlos, se están convirtiendo en los reyes del narcotráfico, como una vez lo fueron los colombianos, y desgraciadamente ya están en Europa...

"Nosotros tenemos ya elementos (para asegurar) que los mexicanos, además de con la 'Ndrangheta, han hecho contacto con las mafias rusa y serbia desde hace al menos seis o siete meses", asegura Nicasio, quien desde hace 20 años investiga temas del crimen organizado.

A través del desierto

El 5 de noviembre de 2009, Antonio Maria Costa, responsable de la ONUDD, reportó desde Dakar el hallazgo de un avión en el África subsahariana. El aparato había transportado cocaína desde Sudamérica y, según el FBI, pertenecía al cártel de Sinaloa.

Tres días antes, el 2 de noviembre, las autoridades africanas avisaron que en la localidad de Tarkint, cerca de la ciudad de Gao, en Malí, estaban esparcidas y quemadas enormes piezas de un Boeing 727. Ese lugar está en el desierto del Sahel, que diversas organizaciones de traficantes árabes o de Europa atraviesan para introducir drogas a este continente, según la Dirección Central para los Servicios Antidroga de Italia.

Según las investigaciones, el avión despegó a las 23:00 horas del 23 de octubre de Panamá, e hizo escala en la ciudad venezolana de Maracaibo para cargar combustible. En la bitácora de vuelo se anotó el destino final: era la ciudad de Bamako, en Malí.

Antes de llegar ahí el avión aterrizó en Barinas, Venezuela, donde fue cargado de drogas y armas. Antes de llegar a Malí el avión hizo una última escala en el archipiélago de Cabo Verde, frente a las costas de Senegal. De acuerdo con la bitácora, en poder del FBI, el avión estaba registrado en Guinea Bissau y tenía documentos falsificados de un país del Golfo Pérsico. No contaba con permiso para volar. Aun así transportó la droga y las armas al África Occidental.

Una investigación del periódico italiano *Corriere della Sera* en Estados Unidos, publicada el pasado 7 de febrero en Italia, da cuenta de cómo los cárteles mexicanos, colombianos y venezolanos han adquirido flotillas de aviones en los últimos años para transportar la droga hasta África y Europa.

Según el periódico, el FBI y la DEA tienen datos de que el cártel de Sinaloa cuenta con al menos 50 aviones, entre ellos más Boeing 727, con capacidad para 10 toneladas de droga; Cessna 441, con capacidad de 700 a mil kilos, y Gulfstream II, que pueden transportar hasta cuatro toneladas de droga.

Datos de la ONU y del gobierno de Estados Unidos indican que en 2004 se realizaron 109 vuelos sospechosos de Venezuela a África, cifra que se elevó a 178 en 2008. De acuerdo con Antonio Maria Costa, los grupos de Al-Qaeda que operan en el Sahel cobran 3 mil euros por cada kilo de cocaína que pasa por ese territorio africano y llega a Europa.

CAPÍTULO 6

MÁS ALLÁ DE LAS LÁGRIMAS

Los *marines* de Calderón

Jorge Carrasco Araizaga

Conforme a la visión de seguridad hemisférica de la Casa Blanca, la Secretaría de Marina (Semar) ha creado una fuerza de 15 mil infantes para desplazar de las principales acciones contra el narcotráfico al Ejército, infiltrado por la delincuencia organizada.

La nueva fuerza fue el resultado de modificaciones en la organización y la operación de la Marina que el presidente Felipe Calderón llevó a cabo sin la autorización del Congreso.

Los 210 infantes de Marina integrantes de una brigada de fusileros paracaidistas, y un grupo de las Fuerzas Especiales que el 16 de diciembre de 2009 ultimaron al jefe de los hermanos Beltrán Leyva en plena zona urbana de

Cuernavaca, actuaron ya bajo ese nuevo esquema operativo, consolidado en los tres primeros años del sexenio sin que el Legislativo haya reformado la Ley Orgánica de la Armada de México.

Calderón propuso al Congreso la modificación a esa ley apenas en octubre de 2009, más de dos años después de que la Armada iniciara una reorganización "política estratégica" dirigida a fortalecer la Infantería de Marina. La reforma fue aprobada por el Senado en marzo último, pero aún está pendiente su discusión en la Cámara de Diputados. Su propósito es legalizar lo que ya es un hecho: una nueva estructura de la Armada en la cual la Infantería de Marina es la principal unidad operativa, tanto en los mandos navales de los litorales del Golfo y el Pacífico como en la zona continental.

De acuerdo con lo dispuesto por Calderón, las unidades de infantería se integran con batallones, fuerzas especiales y otros agrupamientos que en el futuro decida el alto mando; es decir, el secretario de Marina, quien obedece las instrucciones de su comandante en jefe, el presidente de la República. De esa manera, si éste decide crear un nuevo grupo dentro de la Armada, sólo le dará la instrucción al titular de la Secretaría de Marina Armada de México (Semar), Mariano Francisco Saynez Mendoza.

Esa estructura, que para el Congreso apenas es una propuesta, es ya una realidad que se hizo visible de manera espectacular en la cacería de Beltrán Leyva y seis de sus guardaespaldas en el condominio Altitude, de la colonia Lomas de la Selva, en el centro de Cuernavaca, a partir de información entregada por la DEA.

La Semar comenzó su reorganización en 2007. El 25 de mayo Calderón publicó en el *Diario Oficial de la Federación* un acuerdo para crear una región y cuatro zonas navales más, que se suman a las ocho regiones y 14 zonas navales, además del cuartel general en la Ciudad de México.

A un año del gobierno de Calderón, la Armada ya había integrado 16 compañías de "policía marítima" y 30 batallones de infantería, con 628 elementos cada uno, para operar en todo el país. Ese nuevo despliegue se inició en 2008, al tiempo que en la Escuela Naval Militar se reactivó la carrera de Infantería de Marina.

A fines de ese año, Saynez reveló la fuerza adquirida por los infantes de Marina en los dos primeros años del sexenio. En un acto oficial en Manzanillo, Colima, informó que además de los 30 batallones, la Armada creó dos brigadas anfibias y dos unidades de Fuerzas Especiales, con un total de 15 mil 23 efectivos. Esa fuerza representa casi una tercera parte del personal que trabaja en la Marina.

Saynez, quien entre 1988 y 1989 hizo el curso superior de Defensa Continental en el Colegio Interamericano de Defensa, con sede en Washington, no ha dejado de justificar la reestructuración de la Armada con base en la inseguridad en el país.

El 16 de marzo de 2007, en Acapulco, Guerrero, el secretario lanzó un reproche, por lo menos, al expresidente Vicente Fox: la inseguridad, dijo, es resultado de que el tema se "descuidó" y estuvo "un poco marginado" en años recientes. Y en un velado reclamo a su antecesor, Marco Antonio Peyrot, dejó entrever que en el sexenio pasado se descuidó la vigilancia de las costas y la atención se concentró en las Fuerzas Especiales.

En junio de 2008, durante la ceremonia de graduación del Centro de Estudios Superiores Navales y la apertura de curso de los planteles del Sistema Educativo Naval, Saynez insistió: en el pasado se descuidó la seguridad "hasta alcanzar un grado peligroso en su control".

En ese mismo tono, medio año después, dijo que hasta antes de Calderón la delincuencia "operaba impunemente". Pero eso sí, no en el caso de la Marina, según declaró a la prensa el 24 de enero de 2009 en la Escuela Naval Militar Antón Lizardo, en el puerto de Veracruz: "Tenemos la fortuna de que no se han dado casos de corrupción en mandos medios y altos mandos".

El despliegue

La Infantería de Marina se ha desplegado por cielo, mar y tierra. En 2008 realizó operaciones continentales en Tamaulipas, Michoacán y Guerrero; como la búsqueda de plantíos en Coalcomán, en la sierra michoacana, y operativos contra el robo de gasolina en la frontera de Tamaulipas y Nuevo León. Además intensificó su labor en la destrucción de droga en Nayarit, Jalisco, Chiapas, Quintana Roo y Veracruz.

Sus principales operaciones se han dirigido contra el cártel de los hermanos Beltrán Leyva, tanto en Sinaloa como en Colima y Morelos; y el de *Los Zetas*, sobre todo en Tamaulipas y Nuevo León. Pero de esta organización, formada inicialmente por desertores del Ejército, también han recibido uno de sus peores golpes: el asesinato, en Tabasco, de tres familiares del infante de Marina Melquisedet Angulo Córdova, muerto en la ejecución de Arturo Beltrán Leyva.

Los primeros golpes de los infantes de Marina en tierra firme empezaron en 2009. El 12 de junio, efectivos de la Armada incautaron casi 50 mil litros de efedrina en uno de los laboratorios de droga sintética más grandes de América Latina, cerca de la carretera Culiacán-Badiraguato, en Sinaloa. El laboratorio pertenecía a los Beltrán Leyva.

Más significativo fue, por las consecuencias que tuvo, el decomiso de 11.2 millones de dólares en Manzanillo, Colima, que estaban destinados al puerto de Buenaventura, Colombia. Ahí, las autoridades de ese país ya habían asegurado una cantidad similar.

El millonario aseguramiento, resultado de una acción conjunta con Estados Unidos y Colombia, ocurrió el 11 de septiembre. Ocho días después, infantes de Marina se desplegaron en el barrio de Polanco, en la Ciudad de México, muy cerca de las instalaciones de la Secretaría de la Defensa Nacional (Sedena).

Fue el primer operativo contra la delincuencia organizada realizado por la Marina en el Distrito Federal, que en el ámbito militar ha sido una zona históricamente controlada por el Ejército.

Los efectivos se apostaron en la calle Molière 222, frente a las oficinas del Grupo Bal, propiedad del empresario Alberto Bailleres, quien también es dueño del Grupo Peñoles, una de cuyas subsidiarias, Química del Rey, era la destinataria del dinero encontrado, según la dirección anotada en sacos de sulfato de sodio donde se habían escondido los dólares. Los marinos se quedaron en espera de una orden de cateo que nunca llegó.

La intervención de los infantes de Marina en los operativos contra el narcotráfico se ha caracterizado también por la violencia extrema y las violaciones a los derechos humanos, sobre todo de civiles inocentes.

El caso que tiene a los infantes de Marina como los autores de la operación militar "más exitosa" de Calderón en el combate al narcotráfico es la muerte de Arturo Beltrán, *El Barbas*, el 16 de diciembre de 2009. El enfrentamiento duró cinco horas, pero dejó dudas sobre la manera en que fue ultimado el capo, también conocido como *El Jefe de Jefes*.

Según la Semar, junto con sus sicarios Beltrán Leyva repelió con granadas y armas de alto poder la incursión de un grupo de Fuerzas Especiales de Infantería y una brigada de infantería de fusileros paracaidistas, cada uno comandado por un almirante e integrado por cinco capitanes, 14 oficiales y 189 infantes.

Decenas de efectivos descendieron de un helicóptero MI-17 para buscar a su objetivo en el complejo habitacional ubicado a unas cuadras de la 24 Zona Militar del Ejército, algunos de cuyos mandos han sido señalados por miembros de la organización Beltrán Leyva como protectores de su jefe y sus lugartenientes Edgar Valdés Villarreal, *La Barbie*, y Sergio Barragán Villarreal, *El Grande*, ahora enfrentados por el control del cártel.

El tercer maestre de Fuerza Especial, Melquisedet Angulo Córdova, murió en el asalto a la guarida del narcotraficante. En respuesta a la ejecución de *El Barbas*, *Los Zetas* asesinaron a cuatro familiares de la víctima, entre ellos su madre, a las pocas horas de una ceremonia fúnebre realizada en Paraíso, Tabasco, donde vivía la familia.

En su afán publicitario para engrandecer las acciones de la Infantería de Marina, la Semar había revelado la identidad y datos personales de la víctima y sus familiares, sin medir las represalias. De acuerdo con una recomendación de la Comisión Nacional de los Derechos Humanos fechada el 28 de abril pasado, la muerte de los familiares del oficial fue responsabilidad de la Semar.

No fueron las únicas muertes dejadas por la cacería de Arturo Beltrán. Dos personas más, una mujer y un hombre ajenos a los hechos, murieron el 11 y 16 de diciembre: Patricia Terroba Garza e Ignacio Aguilar Rodríguez. Ella, según la prensa local, de más de 180 balazos; él acabó casi desintegrado por las perforaciones en su cuerpo.

Terroba murió en el primer intento de los infantes de Marina para detener a *El Jefe de Jefes* en una fiesta, en el fraccionamiento Los Limoneros. Fue acribillada "por pasarse un retén", según le dijeron los marinos a su viudo, Gabriel Pintado (**Proceso** 1734). Ignacio Aguilar murió el mismo día que Beltrán Leyva. El grupo especial de Infantería de Marina "lo confundió" porque manejaba una camioneta que, según dijeron los marinos a su viuda, Andrea Martínez Jaimes, era igual a una que se había escabullido del asalto al edificio Altitude.

En todas estas muertes los infantes de Marina estuvieron muy lejos de la directiva 003/09 sobre el uso de la fuerza, que su comandante, Saynez Mendoza, emitió el 30 de septiembre de 2009.

Según esa disposición, publicada en el *Diario Oficial*, el personal naval que use armas letales "deberá velar, en la medida de los posible, por la vida e integridad física de la persona infractora de la ley; excepto en los casos en que esté en peligro la suya o la de terceros". Más todavía, dice que en el uso de la fuerza "se evitará en la medida de lo posible el daño colateral, por lo que la utilización de las armas de fuego se hará sobre blancos identificados, salvaguardando la integridad de personas inocentes".

La violación fue todavía más clara hacia las víctimas inocentes, pues la directiva también indica que "solamente se podrá emplear armas letales en respuesta a una agresión armada que represente peligro inminente de lesiones graves o muerte, o cuando el presunto infractor intente colisionar con su vehículo al personal naval".

Con la muerte de Beltrán Leyva como medalla, las Fuerzas Especiales de la Marina se dirigieron después a tierra firme en Sinaloa, en los dominios de Ismael *El Mayo* Zambada, uno de los jefes del cártel cuyo líder más mencionado es Joaquín *El Chapo* Guzmán.

El 17 de febrero de este año, en la víspera de la extradición a Estados Unidos de Vicente Zambada Niebla, *El Mayito* o *El Vicentillo*, infantes de Marina de las Fuerzas Especiales catearon una finca de la exesposa de *El Mayo* y madre del extraditado, en la comunidad de El Álamo, en la sindicatura de El Salado.

Rosario Niebla declaró a la prensa que al menos 30 marinos llegaron en helicóptero, sacaron a los empleados de la finca, tiraron las puertas de la casa, entraron y se llevaron fotografías y artículos personales.

Desgaste inevitable

Nuevo León ha sido uno de los principales escenarios de la actuación de los *marines* mexicanos, principalmente contra *Los Zetas*. Aunque la Marina asegura que se trata de "operaciones quirúrgicas", en varias acciones se les han escapado numerosos miembros de la organización.

El 4 de diciembre de 2009 un grupo de las Fuerzas Especiales protagonizó uno de los enfrentamientos más violentos registrados en Nuevo León. Los infantes de Marina asaltaron una finca en la colonia Bosques de la Silla, en el municipio conurbado de Benito Juárez, cuando decenas de *zetas* cobraban sus aguinaldos. En la refriega, los marinos ultimaron a diez de ellos, pero muchos más huyeron en por lo menos una docena de vehículos.

Entre los muertos estuvo Ricardo Almanza Morales, *El Gori 1*, a quien se le achacó el asesinato del general retirado Juan Arturo Esparza García, director de Seguridad Pública y Vialidad del municipio de García.

Muchos de los delincuentes logaron huir en dirección a Reynosa, Tamaulipas, pero en el entronque de la carretera hacia Apodaca, Nuevo León, se toparon y enfrentaron con soldados. Otro grupo de sicarios decidió asaltar la casa número dos de arraigo de la Procuraduría General de la República en el municipio de Escobedo y liberó a 26 personas acusadas de vínculos con el narcotráfico, entre ellas, 15 *zetas*.

El 14 marzo de este año, los infantes de Marina se volvieron a enfrentar a *Los Zetas*. En un operativo por tierra y aire acabaron con un campo de entrenamiento que el cártel tenía en un rancho ubicado a ocho kilómetros del centro del municipio de Bustamente, hacia la colindancia con Tamaulipas.

Según la Semar, en el lugar había entre 60 y 80 personas que estaban siendo adiestradas en secuestro y tiro. Ocho de ellas murieron en el enfrentamiento con los marinos. Como en el operativo anterior, la gran mayoría escapó.

Días después, el 19, los infantes de Marina presentaron a Alberto Mendoza Contreras, *El Chico Malo*, presunto operador de los Beltrán Leyva en San Pedro Garza García. El presidente municipal, Mauricio Fernández, del PAN, reconoció que el detenido formaba parte de su "grupo rudo" para enfrentar al narco en el municipio. Mendoza, además, era informante del Ejército. Según la prensa local, la detención habría generado molestia de los militares de verde hacia la Marina.

La Armada también quedó en entredicho el pasado 23 de marzo, tras la muerte de un presunto narcomenudista detenido por la policía municipal de Santa Catarina, que era custodiado por marinos. La Semar se apresuró a negar cualquier responsabilidad y a partir de ese momento se atrincheró, hasta que el pasado 30 de mayo detuvo en el municipio conurbado Guadalupe a Hipólito Bonilla Céspedes, acusado de ser el contador de Heriberto Lazcano, *El Lazca*, uno de los fundadores de *Los Zetas*.

Los marinos amplían continuamente sus actuaciones contra los Beltrán, incluso en tierra firme. El 9 de mayo pasado, efectivos de la Armada tomaron los accesos al club de golf Valle Escondido y a la hacienda del mismo nombre, en la zona esmeralda de Atizapán, Estado de México.

Iban en busca de casas de seguridad de *La Barbie*, quien le disputa a Héctor Beltrán Leyva, *El H*, el control del cártel. Otro operativo lo hizo en Acapulco, el 27 de abril, cuando detuvo a 25 policías municipales supuestamente relacionados con ese grupo, aunque no se han esclarecido las acusaciones contra los detenidos.

Guillermo Garduño Valero, profesor investigador de la Universidad Autónoma Metropolitana y del Centro de Estudios Superiores Navales, dice que a pesar de la necesidad que existía de reestructurar a la Marina, la decisión de colocar a la Armada en la primera línea del combate al narcotráfico le causará el mismo desgaste que al Ejército, tanto por los casos de violaciones a los derechos humanos como su contacto directo con los narcotraficantes.

Victoria Unzueta, asesora de los diputados del PRD en seguridad nacional y doctora en Estudios Políticos Europeos y Euroamericanos en la Universidad de Turín, coincide: los infantes de Marina se están desplegando en todo el territorio, como hacen en su país los *marines* estadunidenses, pero la sobreexpsosición a que los han sometido, presentándolos como "héroes" en comparación con los militares "malos", terminará deteriorando su imagen, como sucedió con el Ejército.

Gritos en el vacío

Gloria Leticia Díaz

El 13 de agosto de 2009 José Sánchez Pablo y Rocío Peralta Domínguez fueron detenidos en un operativo militar. Durante 14 días de cautiverio los torturaron: entre otras cosas a Rocío la violaron y José fue esposado desnudo junto a un hormiguero, pusieron alacranes sobre su cuerpo y lo obligaron a beber orina de sus captores.

A José y Rocío los atormentaron en casas de seguridad resguardadas por militares en Tabasco. Todo para que él se dijera colaborador de *Los Zetas* y diera nombres de policías de Huimanguillo a fin de acusarlos de proteger a narcotraficantes.

Ahora Sánchez Pablo está encarcelado, procesado por asociación delictuosa, y Rocío fue liberada un día antes de que las autoridades pusieran a su compañero a disposición del juez penal en Villahermosa, Adolfo Brown Ruiz, el 28 de agosto de ese año.

Sánchez Pablo le dio al juez Brown detalles de los 14 días de tortura que padeció y desmintió la declaración que supuestamente hizo ante el Ministerio Público. En esos documentos, cuyo contenido negó conocer cuando fue forzado a sellarlos con sus huellas digitales, se señala que los militares lo pusieron a disposición de las autoridades civiles el 21 de agosto de 2009.

Él fue levantado por uniformados fuertemente armados y con los rostros cubiertos con pasamontañas, cuando caminaba con Rocío Peralta por calles de Huimanguillo la noche del 13 de agosto. Tras detenerlos, los llevaron a "una hacienda" donde les cubrieron los ojos con cinta canela, según narra José en su declaración ante el juez Brown.

En ese lugar José fue golpeado y durante dos días estuvo esposado y desnudo junto a un hormiguero, le pusieron cinco alacranes sobre el cuerpo y cuando pidió agua, escuchó cómo uno de sus captores orinaba en una botella y le daba a beber, lo que tuvo que hacer porque sentía que se "moría de sed", declaró, llorando, según consta en el expediente 141/2009 del segundo juzgado penal de Villahermosa.

La narración del abuso a Rocío está contenida en su comparecencia como testigo ante el juez Brown el 31 de agosto. "Me llevaron no sé si a un rancho o a una hacienda. En el camino se bajó uno de los que me llevaban y se quedó otro en el carro y esa persona abusó de mí (...) Dijo que si yo decía algo me iba a ir peor a mí y a mi familia y me dijo que tenía que decir que al momento de mi detención me encontraba teniendo relaciones sexuales con José Sánchez Pablo, cosa que era mentira".

De hecho, el reporte firmado por el teniente Óscar García Garnica y el sargento Carlos Jesús Mendoza del Ángel, oficiales del 57 Batallón de Infantería, indica que José y Rocío fueron hallados teniendo relaciones sexuales dentro de un vehículo y que en ese momento Sánchez Pablo trató de sobornar a los uniformados advirtiéndoles que trabajaba para *Los Zetas*.

En el expediente el juez apunta que al rendir su testimonio, Rocío interrumpió por momentos su narración, pues lloraba al recordar la agresión sexual y los gritos de dolor de Sánchez Pablo y de otras 16 personas con las que compartieron cautiverio a partir del 22 de agosto.

Después de 14 días de detención ilegal, Rocío fue liberada en Cárdenas, Tabasco. Sus captores la sacaron de la casa de seguridad y sólo le dejaron quitarse la venda de los ojos cuando bajó del vehículo. Uno de ellos le puso en la mano un billete de 200 pesos.

En su declaración preparatoria José detalló que, después de estar en la hacienda, el 15 de agosto se dio cuenta de que sus secuestradores lo entregaron a militares, quienes lo mantuvieron retenido hasta el 22 de agosto en una casa de seguridad, donde siguieron las torturas. No le dieron de comer y para mantenerlo vivo sólo le daban medio litro de agua al día.

En su declaración asegura que después de ser interrogado y torturado por los militares, sin obtener la respuesta que esperaban, lo llevaron a "un cuartito frío (...) me empezaron a dar en las costillas con los puños entre varios (...) me volvieron a dar en las nalgas y la espalda con la tabla, y con la misma tabla me daban en el estómago a tal grado que llegue a vomitar sangre, después me metieron los dedos en la nariz y me la desgarraron por dentro (...) me pusieron cinta canela en toda la cabeza golpeándome las orejas y los tímpanos".

Asegura que el 22 de agosto fue trasladado a Villahermosa, a "una casa de arraigo", y que en el trayecto fue golpeado con la culata de un arma larga en el estómago y las uñas de los pies. En esa casa, a base de amenazas, golpes, toques eléctricos, simulacro de ejecución e intentos de asfixia, lo obligaron a poner sus huellas digitales en hojas, pero aclara que nunca firmó documentos.

Esta historia es sólo un ejemplo de las violaciones a los derechos humanos atribuidas a miembros de las fuerzas armadas en el contexto del combate al narcotráfico y ocurrió en Tabasco, no en los estados del norte del país –donde se da el mayor número de abusos, según evaluaciones de organizaciones no gubernamentales–, convertidos en escenarios de guerra por el despliegue policiaco-militar que Felipe Calderón lanzó contra el narcotráfico.

Según la Comisión Nacional de los Derechos Humanos (CNDH), del 1 de enero de 2007 al 18 de marzo de 2010 se presentaron 3 mil 917 quejas contra soldados, la mayoría de ellas en estados con fuerte presencia militar: 799 en Chihuahua, 618 en Michoacán, 223 en Guerrero, 188 en Sinaloa y 182 en Tamaulipas. En Tabasco, donde los militares operan junto con las autoridades locales, las denuncias contra las fuerzas armadas en el periodo mencionado fueron 131.

Durante ese tiempo la CNDH envió al secretario de la Defensa Nacional, Guillermo Galván Galván, 49 recomendaciones, de las cuales 30 tienen como factor común la tortura aplicada a civiles por militares en detenciones ilegales, mientras que en seis el agravio principal es el homicidio y en una más, la desaparición forzada.

Vigilancia internacional

Los últimos dos años, organizaciones civiles mexicanas e internacionales de derechos humanos, así como organismos de la ONU y la OEA, han documentado las agresiones ocurridas durante el gobierno de Calderón, quien ha desdeñado los comentarios.

La situación es inocultable. Tanto, que durante la evaluación a México que hizo el Comité de Derechos Humanos de la ONU en marzo de 2010, la representación del gobierno federal notificó que del 1 de diciembre de 2006 al 31 de agosto de 2009 la CNDH recibió mil 836 quejas "por supuestas violaciones a derechos humanos cometidas por personal militar con motivo de la lucha contra el crimen organizado".

No es gratuita la preocupación por el halo de impunidad que rodea estos casos. El informe del gobierno calderonista a los expertos de la ONU señala que en los tribunales castrenses se han integrado sólo tres causas penales y se han emitido seis sentencias "en el marco de la lucha contra la delincuencia organizada"

Activistas de organizaciones civiles en México coinciden en que nuestro país no se ha distinguido por el respeto a los derechos humanos; sin embargo, en los últimos tres años aumentaron exponencialmente las agresiones cometidas por militares hasta llegar a niveles que sólo se habían visto en la guerra sucia de los setenta.

Alberto Herrera, director de Amnistía Internacional (AI) en México, advierte que con la documentación cada vez más frecuente de los casos se ha logrado establecer un patrón de violaciones, muchas de ellas cometidas por personal castrense: "El patrón tiene que ver con detenciones arbitrarias, malos tratos, en algunas ocasiones con la ejecución de la víctima y la falta de aceso de éstas o sus familias a la justicia; es decir, tiene como telón de fondo la impunidad, además de que el modelo está viciado porque los casos son llevados al fuero militar pero también por una falta de diligencia de las procuradurías para seguir estos crímenes", sostiene.

En diciembre de 2009 AI presentó el documento *México: Nuevos informes de violaciones a derechos humanos a manos del Ejército*, que analiza el panorama de abusos a partir de cinco casos emblemáticos que afectan a 35 víctimas de actos de tortura, ejecuciones extrajudiciales y desparaciones forzadas. El informe fue descalificado por el gobierno de Calderón, que a través de su secretario de Gobernación,

Fernando Gómez Mont, exigió "una evidencia real" y no "reclamaciones que no se sustentan".

Como responsable de la elaboración del documento, Rupert Knox declaró desde Londres, donde AI tiene su sede: "La no actuación simplemente empeora la situación y pondrá en envidencia la inercia ante abusos graves (...) que cuando se cometen de forma sistemática y generalizada pueden constituir delitos contra la humanidad", de los que se podría responsabilizar internacionalmente a México de acuerdo con el Estatuto de Roma, ratificado por este país (**Proceso** 1728).

En 2009 el Centro de Derechos Humanos Agustín Pro Juárez (Prodh) solicitó información a la Sedena sobre el desenlace que tuvieron las solicitudes de atracción al fuero militar de investigaciones por violaciones a derechos humanos abiertas en las distintas procuradurías del país dos años atrás.

En 2007 las autoridades civiles declinaron competencia en 102 expedientes, de los cuales la Procuraduría de Justicia Militar abrió 60 averiguaciones previas y presentó cargos en 4 casos; en 2008 la relación fue de 301 asuntos turnados al fuero militar, de los que 110 se convirtieron en investigaciones previas para consignar sólo seis a los tribunales castrenses (**Proceso** 1728).

Luis Arriaga Valenzuela, director del Prodh, sostiene que la tendencia de abusos cometidos por la fuerzas armadas no cesará mientras no haya un cambio de estrategia en el gobierno de Felipe Calderón.

"Con la información que tenemos podemos decir que en los tres años que le quedan a Calderón continuarán aumentando los abusos militares contra la población civil, y el discurso que están manejando va en una línea de carácter bélico sin considerar los derechos humanos", afirma Arriaga.

Agrega que la decisión de Calderón de poner al frente de la estrategia antinarco al Ejército "ha atrapado a la población entre dos fuegos: el de la delincuencia y de las fuerzas armadas".

Ejemplos sobran, desde los disparos a mansalva contra seis civiles indefensos, cuatro de los cuales murieron, en Santiago de los Caballeros, Sinaloa, en 2008, hasta los asesinatos de dos estudiantes del Tec de Monterrey en abril de este año, pasando por los disparos a dos niños que murieron en Tamaulipas, el mismo mes.

En el informe *Sociedad amenazada, violencia, rostros del México actual*, el Prodh hace un cruce de información entre los operativos militares y las denuncias de abusos en 2009. Se concluye que en Chihuahua, Guerrero, Tamaulipas, Baja California y Sinaloa, los que tienen mayor presencia militar, se concentra 58% de las quejas por violaciones a los derechos humanos cometidos por soldados.

Bateo de la Corte

En 2009, el Prodh y Fundar, Centro de Análisis e Investigación, representaron a Reynalda Morales, viuda de Zenón Medina, víctima de la matanza de Santiago de los Caballeros, en un juicio de amparo contra la abdicación de las autoridades civiles frente al fuero militar en la investigación de los hechos, asunto que analizó la Suprema Corte de Justicia de la Nación (SCJN) el 10 de agosto de 2009.

"El pleno de la SCJN dejó pasar una oportunidad muy significativa –explica Arriaga–. Se consideró que las víctimas y ofendidos no tienen legitimidad procesal para impugnar la extensión del fuero militar".

Juan Carlos Gutiérrez Contreras, director de la Comisión Mexicana de Defensa y Promoción de Derechos Humanos (CMDPDH), agrega que en muchos casos, en las instalaciones militares hay hechos que permanecen sin castigo porque la "lógica de guerra" del gobierno de Calderón mueve una idea "perversa de la impunidad" y deja en la indefensión a la víctima de los abusos.

Para el activista, el gobierno de Calderón está siguiendo los pasos que siguió el de George Bush para justificar las violaciones de derechos humanos contra presuntos terroristas recluidos en Guantánamo.

"Bush planteó tres estrategias: la primera, la utilización de eufemismos dentro del derecho; es decir, un caso de tortura no es tortura, sino que son tácticas de interrogatorio. Dos, la construcción de un discurso de lo necesario, o sea, las tácticas de interrogatorio, por ejemplo, son lamentables pero necesarias; así se justifican las violaciones a los derechos humanos. Y tres, lo anterior es necesario para defender a la sociedad de un mal mayor; es decir, sacrificar a una persona no es nada en comparación con la defensa social. En esa defensa se vale todo.

"Así procede esa lógica de guerra, acompañada de otros factores, como que la CNDH no está investigando apropiadamente esos casos o que los ministerios públicos no reciben las denuncias de tortura, menos aun cuando los responsables son militares, para lo cual orientan a que la víctima o sus familiares presenten la queja ante los propios batallones donde ocurrieron las torturas", dice Gutiérrez Contreras.

La CMDPDH participa en la defensa de civiles y policías detenidos de forma arbitraria por militares, torturados en instalaciones castrenses y procesados supuestamente por tener nexos con la delincuencia organizada. Entre esos asuntos lleva el de 25 policías de Tijuana detenidos en marzo de 2009 y encarcelados en Tepic (**Proceso** 1701).

El caso destaca porque el secretario de Seguridad Pública Municipal de Tijuana, Julián Leyzaola, entregó a los agentes al Ejército y validó que fueran torturados en instalaciones militares; pero también porque, después de que se presentó la denuncia ante la Comisión Interamericana de Derechos Humanos, las defensoras Blanca Mesina Nevárez y la abogada de la CMDPDH en Tijuana, Silvia Vázquez, han sido víctimas de amenazas y hostigamiento (**Proceso** 1722).

Basta recordar que en enero de 2010 fue ejecutada Josefina Reyes, defensora de derechos humanos de Ciudad Juárez, quien se había manifestado contra la ocupación militar (**Proceso** 1732).

Para Édgar Cortez Morales, director del Instituto Mexicano de Derechos Humanos y Democracia, el riesgo en que están los defensores de los derechos fundamentales es otro de los saldos de la guerra contra el narcotráfico

"Cada vez hay menos condiciones para la denuncia y la defensa en casos de violaciones a los derechos humanos", apunta Cortez. Y agrega que cuando hay denuncias de abusos, las autoridades tachan a los activistas de "defensores de narcotraficantes".

Cortez coincide con los directivos de otras organizaciones civiles en que la impunidad es el saldo más preocupante de estos últimos tres años. "Sólo tenemos una versión oficial de que la gran mayoría de los más de 22 mil ejecutados eran delincuentes, afirmación que no tiene sustento porque no hay investigaciones", dice.

En cuanto al aumento de violaciones cometidas por miembros del Ejército, Cortez sostiene que la responsabilidad recae en Felipe Calderón, quien determinó que las fuerzas armadas realicen funciones que corresponden a seguridad pública. Cita que en 1997 la SCJN resolvió una controversia constitucional validando la facultad del Presidente para encomendar tareas de seguridad pública a las fuerzas armadas, siempre y cuando lo soliciten las autoridades civiles, quienes tendrán que supervisar las acciones.

Pero lamenta que "ni siquiera ese criterio se está aplicando. El presidente, los gobernadores y los presidentes municipales piden la colaboración del Ejército y después le dejan el campo libre y no asumen la responsabilidad de lo que ocurre con su presencia".

Perdidos en las zonas de silencio

Marcela Turati

Tras atender la llamada nocturna, el periodista se levantó de la cama, se vistió con rapidez –botas, jeans, camisa–, le dio un beso a sus hijos, se despidió de su esposa y se sentó en la sala a esperar a que el comando armado llegara por él y se lo llevara.

"Estaba listo para salir a la calle a entregarme en cuanto los escuchara llegar. Yo no iba a permitir que entraran a mi casa, que dejaran traumada a mi familia ni que me encontraran tirado en una zanja en chanclas y calzones", explica en un Oxxo cercano a su casa, el sitio más seguro que encontró para platicar con esta reportera fuereña sin llamar la atención en su ciudad, una de muchas del norte del país donde los reporteros viven bajo la ley del "silencio o plomo".

Esa noche, la más larga de su vida, los enviados de la muerte fueron por otro reportero que cubría como él los asuntos policiacos de la ciudad. Su cadáver fue encontrado al día siguiente en un canal de riego.

El periodista sobreviviente no pudo siquiera acudir al velorio de su colega: él y varios de ese estado norteño fueron advertidos de que ni se aparecieran, y los valientes que lo hicieron temblaban imaginando que los mataría un granadazo.

El gatillo asesino activó el silencio. Los directivos de los medios de comunicación de toda la región decidieron no publicar los enfrentamientos que se libran en las calles que se disputan dos cárteles de la droga, las balaceras que todo mundo escucha y que impactan en las casas, el reguero de muertos que cada tanto aparecen tirados como bolsas de basura.

De esa información que preocupa a los ciudadanos, no se habló más. Desde ese día los informativos comenzaron a reseñar una realidad paralela a la sufrida por todos, donde no tenía cupo la violencia cotidiana. Y, en adelante, la única asignación de trabajo que recibe este reportero es reseñar los eventos de la "alta sociedad" de su ciudad; nada de investigación, menos nota roja.

Meses después del crimen vagaba como alma en pena por la redacción de su empresa repitiéndose para sí: "Nos hundieron el barco, nos lo hundieron".

Sus compañeros de trabajo le dedicaban miradas de conmiseración.

"Me trataban como enfermo terminal, cada noche que nos despedíamos me decían 'cuídate', como con lástima", rumia triste durante la entrevista, siempre pendiente de los movimientos que se desarrollan en la calle, como quien no quiere que lo maten desprevenido. "En la redacción me siento un fantasma", dice varias veces.

Este papá treintañero ya superó la etapa de las pesadillas nocturnas que en las "zonas de silencio", las controladas por la delincuencia organizada, comparten los periodistas mexicanos. Lo que aún no resuelve es la duda de por qué los narcos rompieron su costumbre de sólo levantar a los reporteros de la fuente policiaca para reclamarles por la noticia o la foto que les molestó.

Pero entonces los castigos de los hombres armados no pasaban de los golpes. A partir de 2009, en su tierra, comenzaron a silenciar a los periodistas a balazos.

Lo que narra el entrevistado, que pidió el anonimato porque aún se siente en la mira de los criminales, es la experiencia que comparten a lo largo del país los reporteros, especialmente los que cubren asuntos policiacos o de políticos corruptos.

Si sumamos los informes de organizaciones como la Sociedad Interamericana de Prensa (SIP), Cepet, Reporteros Sin Fronteras (RSF), Cencos y Artículo 19, las zonas de alto riesgo para ejercer el periodismo hoy en México son: Tamaulipas, Baja California, Sinaloa, Sonora, Chihuahua, Guerrero, Michoacán y Durango, seguidas en menciones por Oaxaca, Veracruz, el Distrito Federal y Quintana Roo.

En cada región la amenaza de los grupos criminales opera de manera similar, aunque con algunas particularidades.

"Primero son las amenazas telefónicas, por internet o directamente llegan a la oficina y te dicen 'esta foto o esta noticia no la publiques'. En lugares como Tamaulipas primero te advierten lo que no quieren que hagas, y si llevas la contraria, asignan a un reportero (a sueldo) para que te vigile siempre, te siga a todos lados, y si incumples, a la tercera (falta) van por ti, te llevan y te dejan medio muerto. O te matan", dice Balbina Flores, la corresponsal en México de RSF.

En Tamaulipas también son conocidos los tablazos como método de castigo que los delincuentes usan contra sus enemigos, incluidos los periodistas ("te amarran, te pegan con una tabla en la espalda hasta que casi te matan", explica la corresponsal). Los reporteros defeños no están a salvo: reciben visitas de los abogados de los narcotraficantes, quienes transmiten sus mensajes o sus órdenes.

En los periódicos ha cundido por ello la costumbre de publicar investigaciones sin la firma del periodista que la elaboró, aunque las organizaciones han expresado dudas sobre si esa medida protege realmente al autor.

"Los delincuentes, militares y demás nos tienen identificados, y para ellos los reporteros policiacos somos el rostro de nuestra empresa, aunque no firmemos", explicó un reportero de Monterrey.

En algunos casos los amenazados renuncian al trabajo o huyen de su estado o del país intentando empezar una nueva vida; en otros, los jefes dan vacaciones al amenazado hasta que se calme la situación; en la mayoría simplemente lo cambian de asignación unos días hasta que se tranquilice. En contados casos las empresas han financiado su exilio temporal.

Sin embargo, según RSF, la mayoría de los periodistas amenazados subestima las amenazas, hasta que se concretan. La cuenta en vidas ha sido costosa: en 2009, 13 fueron asesinados y tres más perdieron la vida en enero pasado.

De 2000 a 2010 han asesinado a 64 periodistas, y la mitad de éstos murió entre 2007 y 2010, en el periodo de Felipe Calderón. Además, seis periodistas están desaparecidos (aunque podrían ser 10 porque RSF, con sede en Francia, no ha podido confirmar otros cuatro casos en Tamaulipas).

La SIP, a su vez, reclamó el 16 de febrero pasado al secretario de Gobernación, Fernando Gómez Mont, que de 16 casos de asesinatos o desapariciones de reporteros, ocurridos entre 2000 y 2009, y atraídos por la PGR, ninguno "se considera resuelto y, por el contrario, están paralizados, porque no hay órdenes de aprehensión pendientes de cumplir, no existen personas detenidas o sentenciadas". La mitad de los expedientes están empolvados: tienen entre tres y 10 años de antigüedad.

No sólo los periodistas o los editores son amenazados, también las instalaciones de los medios de comunicación.

En el recuento de las agresiones se tiene registro de las dos hieleras con cabezas de cerdo dejadas en las instalaciones de los periódicos *El Nuevo Día* y *El Diario de Sonora*, en Nogales; el ataque con metralla a *El Siglo de Torreón*; los granadazos que impactaron en *El Mañana*, de Tamaulipas, y a Televisa Monterrey; la cortina metálica rota de la imprenta del semanario sinaloense *Riodoce*, donde arrojaron una granada, por mencionar algunos casos.

Estos atentados han empujado a que varias regiones del país –incluidas algunas que se resistían heroicamente a los dictados del crimen organizado– se conviertan en "zonas de silencio", donde nada se publica. Balbina Flores ubica dentro de esta categoría a Tamaulipas, Coahuila, Durango, Michoacán, y en cierto grado a Sinaloa y Chihuahua.

Cuenta una anécdota: aunque el 11 de noviembre de 2009 fue secuestrada la reportera María Esther Aguilar Casimbe, de *El Diario de Zamora*, ocho días después RSF pudo confirmar su desaparición. Cuando investigaba el caso se topó también con que todos los colegas de María Esther lo sabían, pero no podían decirlo: un grupo del narcotráfico los tenía amordazados con amenazas.

María Esther tiene dos hijas y poco más de 30 años. Varios testimonios señalan que en una reunión convocada por narcos locales para dictar reglas a la prensa ella intentó salirse, pero fue obligada a quedarse. Antes de su desaparición publicó tres notas exclusivas referentes a la policía, a un capo de la droga y a un alcalde vinculado con la delincuencia.

Según el periodista colombiano Álvaro Sierra, experto en narcotráfico, *La Familia* y el cártel del Golfo han demostrado interés por controlar la información que sobre ellos se difunde en los territorios donde tienen presencia, y ello explicaría posiblemente por qué el fenómeno de la censura no ocurre en todos los estados disputados por los narcotraficantes. Ciertamente, en Juárez , a pesar de la violencia, los periodistas tienen más libertad para publicar que en La Laguna, en Michoacán o en Tamaulipas.

Zonas de silencio

El capítulo más crítico, donde la prensa claudicó en su misión de informar, aplicándose la autocensura, fue quizás el que se vivió en febrero pasado en Tamaulipas.

"Hubo una semana de violencia prácticamente de Camargo a Matamoros, en la que por todos lados hubo enfrentamientos, retenes de todos los grupos. Se calcula que esas semanas hubo de 200 a 600 muertos, y fue una etapa de silencio de los medios y de desinformación general. Los ciudadanos prácticamente quedaron abandonados aunque aprovecharon hasta el menor resquicio (a través de blogs, Twitter, Facebook o videos caseros) para testificar lo que las autoridades no quisieron reconocer y los periodistas no pudieron informar", señala el director del *McAllen Times*, Jorge Luis Sierra.

Esos días los tamaulipecos se informaban por Twitter o Facebook en qué calles había balaceras; blogueros grababan los sonidos de los disparos y un ama de casa subió a internet imágenes de cadáveres cercanos que captó en video. Todo para dejar constancia.

El 8 de marzo el *Dallas Morning News* difundió que sólo en la ciudad de Reynosa ocho periodistas habían sido levantados en los 14 días anteriores: uno murió de coma diabético –aunque las organizaciones periodísticas tienen testimonios de que se lo ocasionó la golpiza que recibió–, cinco estaban desaparecidos y dos enviados de *Milenio Televisión* fueron retenidos unas horas, golpeados y liberados con una advertencia: "Lárguense, dejen de calentar la plaza".

"Un grupo de poder fue capaz de silenciar una región; no sólo a los medios mexicanos, también a las organizaciones periodísticas del otro lado de la frontera porque hubo una semana que las televisoras (texanas) sólo transmitían información oficial y ningún reportero cruzó la frontera porque estaban amenazados. La condición de silencio se trasnacionalizó, la prensa se replegó por orden de la delincuencia organizada", dice Sierra, periodista experto en cuestiones de seguridad.

Él considera que la operación de silenciamiento que activaron los narcotraficantes en Tamaulipas es la misma, aunque más concentrada, que la que ocurre en lugares como Michoacán, La Laguna o Guerrero.

Cuenta que, una vez superada la sorpresa inicial, los reporteros de las grandes cadenas estadunidenses lograron traspasar el cerco del silencio e informar sobre la situación.

"Las organizaciones periodísticas sólidas, con más planificación de sus coberturas, con buenos protocolos de seguridad, estaban en mejores condiciones para penetrar esas zonas de silencio. Los medios mexicanos tendrían que leer esa experiencia porque la situación halló a sus periódicos prácticamente sin recursos para defenderse, con la guardia baja; los que no fueron controlados no tenían la forma de defenderse y algunos estaban penetrados y vivían el terror internamente."

Enemigo en casa

La violencia en Tamaulipas evidenció un secreto a voces: hay empresas periodísticas infiltradas por personas al servicio de los grupos criminales.

El 12 de marzo la agencia Reuters publicó que los cárteles pagan 500 dólares al mes y obsequian licor y prostitutas a periodistas tamaulipecos para que intimiden y silencien a sus colegas.

El asunto no es nuevo. En 1993 el entonces procurador general de la República, Jorge Carpizo, informó que investigaba a periodistas (después se supo que eran 11, entre directores de revistas, reporteros y un exreportero de televisión) por brindar información a narcotraficantes. Pero nunca tuvo elementos para probarlo.

Hoy en día la situación se ha extendido.

El editor de un diario del occidente del país cuenta una anécdota escalofriante: entre sus subordinados había una reportera que le advertía de antemano a quién debía dejar de ver, porque próximamente iba a ser asesinado, y llegó a tramitar viáticos a una comunidad rural días antes de que se perpetrara una matanza de la que ella había sido ya informada y quería la exclusiva.

–¿Y por qué no la corrieron? –se le pregunta al editor.

–¿Quién iba a ser el valiente que se iba a atrever a decirle algo? –responde. Con el tiempo la periodista renunció y él suspiró aliviado.

"Antes podíamos dar la pelea y defender la libertad de expresión. Ahora la única medida de protección es no publicar, y no podemos hacer nada desde que los periodistas dejaron de ser neutrales", justifica ante esta reportera el director de un diario norteño que encontró la autocensura como recurso para cuidar a sus reporteros.

Un periodista de Sinaloa, consultado por correo electrónico sobre este tema, comenta: "En la redacción hay compañeros que tratan de trabajar bien, pero también hay los otros. De esos prefiero que hablemos en corto, porque esa situación ha llegado a poner en riesgo a muchos colegas".

Ante esta situación, la corresponsal de RSF señala: "Es muy complejo resolver la infiltración en las salas de redacción, porque ya en unas no se puede hablar o escribir tranquilamente. En Coahuila me dijeron que tenían que salirse de la redacción para platicar; en otros estados hay fotógrafos que retratan a los reporteros que llegan a cubrir algún crimen, para saber quién hizo la nota. Y sabemos que en Tamaulipas, Coahuila, Chihuahua y Michoacán existen los famosos 'voceros', que son periodistas que operan para la gente del narcotráfico y advierten qué se publica (...). Éstos controlan a los compañeros: los llaman, saben dónde viven, a veces les pagan, los vigilan y no dudaríamos que son los que llaman a las redacciones a exigir: 'Léeme lo que vas a publicar mañana', y censuran".

Sierra, sin embargo, considera que los infiltrados en las redacciones no pueden llamarse periodistas: "Son publirrelacionistas de los narcotraficantes que en buena medida están tratando de impactar la mente y el corazón de la gente a través del terror, y que usan a los medios como su herramienta".

Ambos coinciden en que ese es un debate pendiente y ha sido la excusa permanente de las autoridades para no investigar los homicidios de comunicadores.

Almas rotas

En una ciudad de Michoacán los reporteros se disfrazan de mujer (con peluca y lentes de sol) para que los fotógrafos que trabajan para los cárteles no los identifiquen en la escena del crimen. Los juarenses están comunicados por radio para llegar juntos a cubrir los hechos sangrientos, aunque trabajan para empresas distintas. Algunos periodistas defeños se rehúsan a recibir exclusivas si sus informantes los citan en lugares secretos y no quieren acudir a la sala de redacción.

Esas son algunas medidas de seguridad que los reporteros, generalmente por iniciativa propia, han improvisado para protegerse en los últimos tres años, a raíz de que se desató la llamada "guerra contra las drogas", cuando los violentos de este país se descararon y llevaron sus pleitos a las calles.

"A raíz de los granadazos contra *El Debate* (en Culiacán), creamos un plan preventivo de trabajar en conjunto los operativos policiacos, de estar en contacto entre todos, de no acudir a algún hecho hasta confirmarlo, reportar cualquier cosa sospechosa y acreditar siempre la información a la autoridad que corresponda", narra un reportero sinaloense.

"Nosotros tratamos de informar sin calificativos y sólo lo oficial para que no se enojen los grupos criminales antagónicos. Esos tipos ya nos dejaron claro que no les gusta que escribamos (sobre) sus derrotas o malas actuaciones, ellos se sienten redentores y hasta revolucionarios. Yo no puedo escribir siquiera el término 'sicario' porque lo escuchan despectivo, los cito como 'sujetos' o, peor aún, 'civiles armados', además ya sabemos que ellos nunca 'huyen' sólo se 'retiran' del lugar", señaló un reportero del norte, que considera que por más medidas de seguridad que se impongan, no darán gusto a los delincuentes.

Ante la violencia, los periodistas comienzan a incorporar como propio el lenguaje de los servicios de seguridad: discuten si usarán "planes de acción" o "protocolos de seguridad", usan lenguaje cifrado al igual que los empleados de las compañías petroleras en países peligrosos, y algunas organizaciones preocupadas por su destino les ofrecen chalecos blindados.

Así, algunos enviados de medios de comunicación a zonas de riesgo comienzan a acostumbrarse a concertar previamente entrevistas para usar lo menos posible el teléfono sobre terreno, mantienen contacto con un jefe a horas preestablecidas para confirmar que están bien, mandan mensajes en clave para no exponerse y elaboran un plan de acción previo al viaje con instrucciones para reaccionar rápido por si algo llega a pasarles.

Con todo, según Balbina Flores, la gran mayoría no toma en serio su seguridad o se rindió a la censura.

"Somos el jamón del sándwich y no podemos protegernos porque estamos atrapados en medio de fuerzas desconocidas. El narcotráfico acabó con el espíritu del periodista de investigación", comenta un periodista guerrerense, que sabe que en su redacción reciben presiones de *La Familia*, *Los Zetas* y la policía. Igual que sus colegas, él recibe en su correo electrónico videos con torturas o decapitaciones en directo que los grupos criminales envían con la orden de publicarlas. Él, como muchos, está sometido a una inusual presión psicológica.

"A veces no puedo dormir, no entiendo tanta violencia, tanta brutalidad, todo tan sanguinario, me ha tocado ver cosas que parecen sacadas de una película satánica o del *Alarma*", narra un fotógrafo cuarentón que trabajó para *El Noroeste* de Sinaloa y ejerce desde hace más de una década.

Él carga una pesadilla desde octubre de 2006, cuando llegó a fotografiar una camioneta con más de 100 impactos de bala y encontró en su interior a tres niños muertos, y debajo de sus cuerpos una niña agonizante, cubierta de sangre, que extendía la mano pidiendo ayuda. Al momento descubrió que eran los vecinitos con los que siempre jugaba su hijo.

El psicólogo y antropólogo médico Rogelio Flores, que desde hace dos años elabora su tesis doctoral sobre el estrés postraumático entre reporteros, tiene la hipótesis de que los síntomas que presentan quienes cubren los hechos del narcotráfico son los mismos, o mayores, que los impactos que deja la cobertura de guerras.

"He platicado con periodistas de Juárez, Culiacán, Chilpancingo, y los veo psicológicamente alterados, anímicamente mal. Una reportera de Juárez que cubrió matanzas se dio cuenta de que está bebiendo demasiado por su oficio y no por problemas personales", explica.

Los síntomas que deja la exposición a tanta violencia pueden manifestarse a través de sueños y recuerdos repetitivos y perturbadores del suceso traumático, fuertes latidos del corazón, dificultad para respirar, sudoración excesiva, evasión, pérdida de interés, apatía, depresión, irritación, explosiones de rabia, dificultad para concentrarse, estado de alerta o defensivo, así como mareo, nerviosismo, temblor de manos y hasta ideación suicida ("cuando comienza a rumiarte en la cabeza hacerte daño", explica el psicólogo).

Agenda pendiente

El 15 de marzo casi un centenar de periodistas de varios estados se reunieron en el encuentro "Ni un periodista menos", realizado en la Comisión de Derechos Humanos del Distrito Federal, donde se escucharon voces de editores de pequeños diarios que lidian con los caprichos de la policía y los narcos; fotógrafos desconcertados porque cargar una cámara los pone en riesgo; testimonios de la mordaza autoimpuesta en varias redacciones para salvar la vida; tips para proteger la vida en vista de que ni las instituciones de gobierno ni muchos dueños de las empresas periodísticas toman en serio lo que ocurre a los reporteros.

Hubo una crítica unánime al trabajo de la fiscalía especializada de la PGR, la Comisión Nacional de los Derechos Humanos y la comisión para periodistas de la Cámara de Diputados, que cobran por investigar los crímenes contra el gremio y no han dado resultados.

Entre las conclusiones para reforzar la seguridad gremial se decidió involucrar a los directores y dueños de medios de comunicación en la discusión; promover que cada empresa cree sus planes de acción, evaluaciones de riesgo y protocolos de seguridad; profesionalizar a los periodistas y dignificar sus condiciones laborales; vigilar la impartición de justicia y crear mecanismos para romper las zonas de silencio.

Elia Baltazar, de la Red Periodistas de a Pie, organizadora logística del encuentro, explica que, al quedarse la sociedad sin sus mensajeros, todos pierden.

"Una sociedad que permite las agresiones contra sus periodistas se está jugando su único espacio de contrapeso y vigilancia del poder, se está sacando sus propios ojos, cortando su lengua, es renunciar a la construcción y perfeccionamiento de nuestra democracia", opina en entrevista.

Las organizaciones coinciden en que México es el país más peligroso del continente para ejercer el oficio del periodismo; algunas señalan que, a escala internacional, se ubica después de Irak.

Y aunque ese diagnóstico es conocido por todos, algo está fallando porque antes de ser asesinado el año pasado, en Durango, el reportero Bladimir Antuna puso una denuncia penal por amenazas y avisó a organizaciones protectoras de periodistas, pero esa medida no le salvó la vida.

Antes de ser desaparecida, la michoacana María Esther Aguilar Casimbe dejó un mensaje en el periódico colombiano *El País*: "Hola, yo también trabajo en un medio de comunicación, no me considero periodista, pero sí reportera y de las buenas, soy de México y me gustaría tener contactos en Colombia, vivo en el estado de Michoacán".

Muchos periodistas que viven amenazados están improvisando medidas para protegerse, como un reportero norteño de asuntos policiacos, quien compartió con **Proceso** la escalofriante petición que hizo a sus jefes: "Si unos narcos van por mí y me levantan, no lo difundan de inmediato, denme tiempo a ver si me liberan, porque si hacen ruido muy rápido, puede que jalen el gatillo y salpiquen mi sangre".